Conteúdo digital exclusivo!

Cadastre-se e transforme seus estudos em uma experiência única de aprendizado!

Acesse agora

Portal:
www.editoradobrasil.com.br/crescer

Código de aluno:
1696899A1188428

Lembre-se de que esse código é pessoal e intransferível. Guarde-o com cuidado, pois é a única forma de você utilizar os conteúdos do portal.

Daniela Rosa • Mila T. Perez Basso • Patrícia Cândido

CRESCER
Matemática

4º ano

Dados Internacionais de Catalogação na Publicação (CIP)
(Câmara Brasileira do Livro, SP, Brasil)

Rosa, Daniela
    Crescer matemática, 4º ano / Daniela Rosa, Mila T. Perez Basso, Patrícia Cândido. – 1. ed. – São Paulo: Editora do Brasil, 2018. – (Coleção crescer)

    ISBN 978-85-10-06845-1 (aluno)
    ISBN 978-85-10-06846-8 (professor)

    1. Matemática (Ensino fundamental) I. Basso, Mila T. Perez. II. Cândido, Patrícia. III. Título. IV. Série.

18-15640   CDD-372.7

Índices para catálogo sistemático:
1. Matemática: Ensino fundamental 372.7
Maria Alice Ferreira – Bibliotecária – CRB-8/7964

1ª edição / 1ª impressão, 2018
Impresso no Parque Gráfico da Editora FTD

Rua Conselheiro Nébias, 887
São Paulo, SP – CEP 01203-001
Fone: +55 11 3226-0211
www.editoradobrasil.com.br

© Editora do Brasil S.A., 2018
Todos os direitos reservados

Direção-geral: Vicente Tortamano Avanso

Direção editorial: Felipe Ramos Poletti
Gerência editorial: Erika Caldin
Coordenação de arte: Cida Alves
Supervisão de revisão: Dora Helena Feres
Supervisão de iconografia: Léo Burgos
Supervisão de digital: Ethel Shuña Queiroz
Supervisão de controle de processos editoriais: Marta Dias Portero
Supervisão de direitos autorais: Marilisa Bertolone Mendes

Supervisão editorial: Valéria Elvira Prete
Coordenação pedagógica: Maria Cecília Mendes de Almeida
Consultoria técnico-pedagógica: Humberto Luis de Jesus
Edição: Rodrigo Pessota, Solange Martins e Lourdes Ferreira
Assistência editorial: Cristina Silva dos Santos e João Alves de Souza Neto
Auxílio editorial: Fernanda Carvalho
Coordenação de revisão: Otacilio Palareti
Copidesque: Gisélia Costa, Ricardo Liberal e Sylmara Beletti
Revisão: Alexandra Resende, Andréia Andrade e Elaine Cristina da Silva
Pesquisa iconográfica: Daniel Andrade
Assistência de arte: Lívia Danielli
Design gráfico: Andrea Melo
Capa: Megalo Design e Patrícia Lino
Imagem de capa: Luna Vicente
Ilustrações: Bruna Ishihara, Dawidson França, Eduardo Belmiro, Eduardo Borges, Estúdio Ornitorrinco, Estudio Udes, Flip Estúdio, Henrique Brum, Ilustra Cartoon, José Wilson Magalhães, Luciano Soares, Marco Cortez, MW Editora/Moacir Rodrigues, Rodrigues e Ronaldo Barata
Produção cartográfica: Alessandro Passos da Costa e DAE (Departamento de Arte e Editoração)
Coordenação de editoração eletrônica: Abdonildo José de Lima Santos
Editoração eletrônica: Elbert Stein
Licenciamentos de textos: Cinthya Utiyama, Jennifer Xavier, Paula Harue e Renata Garbellini
Controle de processos editoriais: Bruna Alves, Carlos Nunes, Jefferson Galdino, Rafael Machado e Stephanie Paparella

Querido aluno,

Esta coleção foi pensada com muito carinho para que você possa aprender e fazer matemática tanto na escola quanto no seu dia a dia.

Em todo o livro você encontrará muitas propostas de resolução de problemas. O objetivo é que você se sinta confiante em realizar desafios que o ajudarão a compreender a disciplina.

As atividades possibilitarão a você aprender mais e mais matemática, por meio de textos, imagens, jogos, materiais manipulativos, obras de arte, brincadeiras, *softwares*, livros de história, entre outros recursos.

Aproveite as situações de trabalho individual e em grupo para se comunicar, tirar dúvidas e comentar com os colegas e professores o que aprendeu. Tudo isso o ajudará a ter mais segurança como estudante e em outras situações na vida.

Desejamos que você viva intensamente essas experiências. Estamos torcendo por seu sucesso!

As autoras

Sumário

Unidade 1
Números no ambiente 7
Usos dos números 8
O sistema de numeração decimal 10
Antecessor e sucessor de um número 13
Sequências 14
Adição e subtração 15
   Ideias da adição e da subtração 15
   Termos da adição e da subtração 16
   Subtração com reserva 19
Simetria de reflexão e figuras congruentes 22
   Giramundo – Lá se vai o gelo... 25
   Coleção de problemas 26
Medida de tempo 29
Retomada 32
Periscópio 34

Unidade 2
Decifrando mensagens ... 35
Números e símbolos 36
   Números até dezena de milhar 36
   Uso de símbolos na Matemática .. 39
Multiplicação 40
   Tabuada 43
   Estimativa 46
   Cálculo mental 47
   Coleção de problemas 48
Deslocamentos, localização e retas 51
   Giramundo – Mapas e plantas 56

Retomada 58
Periscópio 60

Unidade 3
O tamanho das coisas 61
Números e operações 62
   Números até centena de milhar 62
Divisão 64
   Jogo – Bingo de tabuada 69
Fração 71
   Estimativa 73
   Cálculo mental 73
Medida de comprimento 74
   Metro, decímetro, centímetro e milímetro 74
Uma nova medida de comprimento 77
Qual é a probabilidade? 80
   Coleção de problemas 81
Retomada 84
Periscópio 86

Unidade 4

Fazendo compras 87

Sistema monetário 88

  Educação financeira 90

Números e operações....................92

  Sistema de numeração
romano 92

Trabalho com igualdades............. 95

Fração: metade, um quarto
e um quinto 97

  Jogo – Calculando adição e
subtração 101

Subtração 103

  Cálculo mental 104

Fazendo combinações.................105

Figuras geométricas espaciais:
pirâmides..107

  Coleção de problemas 110

Retomada...............................112

Periscópio 114

Unidade 5

Quantas possibilidades? .. 115

Medidas de massa: o
quilograma e o grama.................116

  Medidas e frações...........................118

Tabuada.......................................120

  Cálculo mental 122

Diferentes significados da
multiplicação.............................. 123

Multiplicação por dezenas
e centenas exatas 125

Algoritmo convencional
da multiplicação.........................126

  Jogo – Pense rápido........................ 127

Leitura e interpretação
de gráficos 129

  Coleção de problemas 131

  Giramundo – Aproveitar para
não desperdiçar............................ 132

Retomada...............................134

  Construir um mundo melhor –
Corrente da amizade................... 136

Periscópio 138

Unidade 6

Quanto tempo?..............139

Medida de tempo 140

Medidas de capacidade:
litro e mililitro 141

Figuras geométricas espaciais:
prismas....................................... 143

Números e operações..................147

  Estimar a quantidade
de ordens do quociente............ 147

Diferentes estratégias
de estimativa para dividir..........148

  Jogo – Divisão em linha
com calculadora 151

Representação de frações........... 153

Expressões numéricas 154

  Coleção de problemas 157

Retomada...............................160

Periscópio 162

Lorelyn Medina/Shutterstock.com

Unidade 7
O que será que vai aparecer? 163

Números e operações...................164

  Ordem dos números 165

Jeitos diferentes de multiplicar 167

Dobro, triplo e quádruplo 172

Quadro de multiplicação 173

  Jogo – Multiplicando o vizinho.......174

Divisão: ampliando a estimativa do quociente 176

Divisão por dois algarismos.........178

Frações 181

  Cálculo mental.................................. 185

Sistema monetário: troco.............186

Probabilidade e estatística...........188

  Gráfico em barras duplas.............188

Análise de eventos........................190

Faces e figuras geométricas espaciais.................191

  Coleção de problemas 192

Retomada...................................**196**

Periscópio **198**

Unidade 8
Brinquedos e seus movimentos..................199

Grandezas e medidas...................200

  Perímetro..200

Medida de superfície 204

Comparando temperaturas 209

Números e operações...................214

  Números decimais 214

  Números decimais e frações........217

  Comparação de frações............. 220

  Adição e subtração com números decimais 221

  Operações inversas.......................223

  Estimativa 224

  Cálculo mental 224

  Coleção de problemas 226

Geometria: ângulos...................... 228

Retomada.............................. **232**

Periscópio **234**

Referências **235**

Material complementar......... **237**

Lorelyn Medina/Shutterstock.com

UNIDADE 1
Números no ambiente

1. Observe os dados sobre resíduos descartáveis.

Tempo de decomposição de alguns resíduos

**Orgânico:** de 2 a 12 meses.	**Vidro:** mais de 4000 anos.	**Papel:** de 3 a 6 meses.	**Alumínio:** de 200 a 500 anos.
**Garrafa plástica:** 400 anos.	**Chiclete:** 5 anos.	**Borracha:** indeterminado.	**Copo plástico:** 50 anos.

Fonte: <http://dgi.unifesp.br/ecounifesp/index.php?option=com_content&view=article&id=16&Itemid=11>.
Acesso em: jul. 2017.

a) Qual desses materiais leva mais tempo para se decompor, com exceção da borracha, que dura por tempo indeterminado?

_____

b) Quais desses materiais podem ser reciclados?

_____

c) Faça o cálculo: Se um copo plástico for jogado na natureza, quantos anos você terá quando ele estiver decomposto?

_____

7

Usos dos números

1. Nas imagens a seguir, observe e encontre quantos números puder achar.

Depois, converse com o professor e os colegas sobre os números que você já conhece e sobre aqueles cujo uso você quer descobrir.

2. Leia a notícia a seguir.

Chuvas na Amazônia prejudicam o Brasil

As fortes chuvas na Amazônia causaram o maior volume de água dos últimos dez anos e atrapalharam a colheita, o transporte de frutas, verduras e produtos em todo o Brasil. Mesmo sendo um ciclo natural que acontece todos os anos, a cheia de 2017 invadiu muitas ruas e casas e várias cidades declararam estado de emergência. As estradas viraram grandes atoleiros esburacados, mais de 5 mil caminhões não conseguiram transitar e tiveram que ficar parados durante 3 semanas

Caminhões atolados na BR 163, em 2013.

8

na rodovia BR163, formando uma fila de 40 quilômetros. O Exército e a Polícia Rodoviária liberaram a passagem, mas o prejuízo dos caminhões parados foi de mais de R$ 10 milhões por dia. A BR163 é uma das principais vias de transporte no país, com 3 467 quilômetros de extensão entre o Pará e o Rio Grande do Sul, porém, quase mil quilômetros são asfaltados.

Disponível em: <www.jornaljoca.com.br>. Acesso em: jul. 2017.

a) Agora pinte de amarelo todos os números que aparecem na notícia, estejam eles escritos com algarismos ou por extenso.

b) Quais desses números você consegue ler e escrever sozinho usando algarismos?

_____

c) Quais números você ainda não consegue escrever utilizando algarismos?

_____

3. O quadro a seguir mostra alguns números que aparecem na notícia que você leu. Preencha o quadro escrevendo o que cada número representa.

Número	O que ele representa
5 mil	
163	
40	
2017	
mil	
dez	
3 467	

4. Você viu que os números estão presentes em muitas situações de nosso cotidiano. Pesquise outra notícia que tenha números em diferentes situações. Compartilhe com os colegas o que você encontrou.

9

O sistema de numeração decimal

Veja o que Laura descobriu:

> EU APRENDI O QUE SÃO UNIDADES, DEZENAS E CENTENAS DE UM NÚMERO. SEI TAMBÉM QUE, NA ESCRITA DOS NÚMEROS, SE MUDAMOS UM ALGARISMO DE LUGAR, O VALOR DELE TAMBÉM MUDA. POR EXEMPLO: NO NÚMERO 345, SE EU TROCO DE LUGAR O 3 COM O 4, OBTENHO 435, E O VALOR DE CADA ALGARISMO MUDA. O VALOR DO NÚMERO 4 PASSA A SER 400, E O VALOR DO NÚMERO 3 PASSA A SER 30.

1. Na calculadora, utilize uma operação para transformar os números e registre a conta que você fez.

    a) 532 em 32 ⟶ _____

    b) 635 em 630 ⟶ _____

    c) 5 342 em 342 ⟶ _____

    d) 753 em 703 ⟶ _____

    e) 1 513 em 1 013 ⟶ _____

2. Continue fazendo as transformações dos números na calculadora. Registre o cálculo feito em cada caso.

    a) 707 em 777 ⟶ _____

    b) 605 em 685 ⟶ _____

    c) 304 em 394 ⟶ _____

    d) 1 208 em 1 238 ⟶ _____

3. Em cada caso a seguir, o algarismo 0 deve ser transformado em 3. Registre os cálculos que você fará para isso acontecer.

a) 3 056 _____

b) 430 _____

c) 908 _____

d) 103 _____

4. Escreva quanto vale o algarismo 5 nos números a seguir.

a) 526 ⟶ _____   **c)** 2 657 ⟶ _____   **e)** 653 ⟶ _____

b) 125 ⟶ _____   **d)** 5 278 ⟶ _____   **f)** 1 205 ⟶ _____

5. Agora coloque os números abaixo no quadro valor de lugar (QVL).

a) 526   **c)** 2 657   **e)** 653
b) 125   **d)** 5 278   **f)** 1 205

Classes	Classe dos milhares			Classe das unidades simples		
Ordens	centena	dezena	unidade	centena	dezena	unidade
a						
b						
c						
d						
e						
f						

O quadro valor de lugar segue um padrão. A cada 10 unidades forma-se uma dezena, a cada 10 dezenas forma-se uma centena, e assim por diante. Como os agrupamentos são feitos de 10 em 10, esse sistema de numeração é chamado de **sistema de numeração decimal**. É o que se usa no Brasil e na maioria dos países.

Os símbolos **0**, **1**, **2**, **3**, **4**, **5**, **6**, **7**, **8**, **9** são chamados de **algarismos indo-arábicos**, porque foram primeiramente utilizados pelos hindus e depois divulgados pelos árabes em suas viagens pelo mundo.

6. Observe como podemos utilizar o **princípio aditivo** (adição dos valores posicionais) para representar qualquer número no sistema de numeração decimal.
Na decomposição do número **3467**, podemos fazer a adição:

3467 = 3000 + 400 + 60 + 7

a) Faça a decomposição destes números seguindo o princípio aditivo.

- 1235 = _____
- 786 = _____
- 4238 = _____
- 3059 = _____
- 9658 = _____

b) Agora faça a composição dos números a seguir.

- 3000 + 70 + 3 = _____
- 300 + 100 + 50 + 6 = _____
- 800 + 200 + 100 + 40 + 5 = _____
- 2000 + 400 + 80 + 9 = _____

7. Observe as retas numéricas e faça o que se pede.

a)

- Complete a reta com os números que faltam.
- Marque na reta, com lápis vermelho, a posição aproximada dos números 180, 330, 450, 620 e 950.

b)

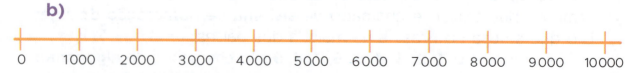

- Marque na reta, com lápis azul, a posição aproximada dos números 1800, 3300, 4500, 6200 e 9500.

Antecessor e sucessor de um número

1. Pense em um número e escreva-o dentro da figura abaixo.

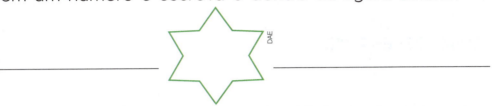

- Agora escreva o número que vem imediatamente antes do que você escolheu. Depois, o número que vem imediatamente depois do número escolhido por você.

> O número que vem imediatamente antes de outro número é chamado de **antecessor** desse número.
> O número que vem imediatamente depois de outro número é chamado de **sucessor** desse número.

2. Com base na informação acima, preencha o quadro com o antecessor e o sucessor dos números indicados.

Antecessor	Número	Sucessor
	999	
	1099	
	6 999	
	889	
	5 010	
	6 001	

3. Preencha as lacunas e ligue cada número destacado ao lugar correto para completar a reta numérica.

900   300   600

Sequências

1. Pense e descubra como são formadas as sequências a seguir. Depois complete cada uma delas.

   a)

   | 2344 | 2346 | 2348 | | | | | | | |

   b)

   | 5006 | 5004 | 5002 | | | | | | | |

2. Escreva os números entre 6 123 e 6 133, ou seja, os maiores que 6 123 e os menores que 6 133.

   _____

3. Complete o quadro numérico com os números que faltam.

7 002			7 005				7 009	7 010	
7 012					7 017				7 021
									7 031
			7 035						
7 042	7 043							7 050	
7 052				7 056		7 058			
		7 064					7 069		
7 072									7 081

4. Agora observe o quadro preenchido e registre pelo menos duas regularidades que você percebeu nele.

   _____

   _____

Adição e subtração

Ideias da adição e da subtração

1. Resolva os problemas a seguir da maneira que preferir. Depois indique a que ideia cada um pode ser relacionado: ideia de juntar ou ideia de acrescentar.

   a) Marina tinha 40 figurinhas e ganhou 25 de uma amiga. Quantas figurinhas ela tem agora?

   Ela tem _____ figurinhas.

   Ideia de _____.

   b) Para participar de uma gincana da escola, há 65 meninos e 54 meninas. Quantas crianças há ao todo?

   Ao todo há _____ crianças.

   Ideia de _____.

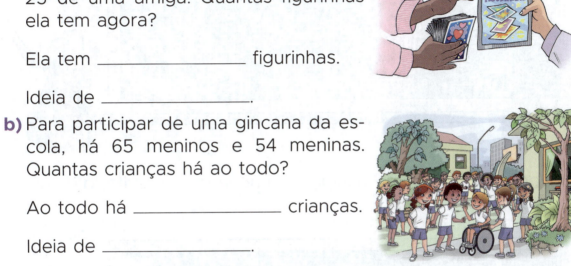

2. Resolva estes outros problemas também da maneira que preferir. Depois, escreva que tipo de ideia eles apresentam: a de tirar ou a de comparar.

   a) Pedro tinha 98 bolinhas, mas perdeu 9. Quantas bolinhas ele tem agora?

   Ele tem _____ bolinhas agora.

   Ideia de _____.

   b) Alberto tem uma coleção com 34 carrinhos. Enzo tem uma coleção com 8 carrinhos a menos do que há na coleção de Alberto. Quantos carrinhos Enzo tem?

   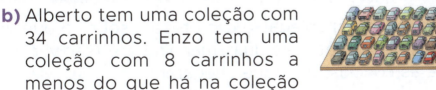

   Enzo tem _____ carrinhos.

   Ideia de _____.

15

Termos da adição e da subtração

Para calcular ou resolver problemas, uma das estratégias é utilizar o algoritmo convencional, ou seja, a conta armada.

1. Você conhece outra maneira de encontrar o resultado de uma adição? Veja:

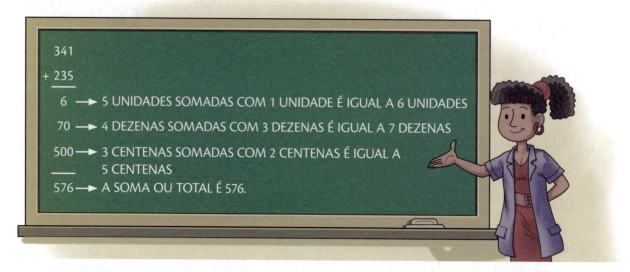

- Agora converse com os colegas e o professor sobre o que você percebe de diferente entre as duas maneiras de resolver a adição. Registre as conclusões a que chegaram.

_____

_____

_____

16

2. Escolha a estratégia que achar melhor e resolva estas operações. Atenção à organização dos números!

a) $3256 + 894 = $ _____

e) $6045 + 987 = $ _____

b) $152 + 236 = $ _____

f) $761 + 999 = $ _____

c) $9003 + 728 = $ _____

g) $5642 + 9874 = $ _____

d) $854 + 19 = $ _____

h) $2205 + 228 = $ _____

3. No caderno, calcule as adições por meio da decomposição.

Veja o exemplo.

$$
\begin{array}{r}
1\ 2\ 3\ 6 \\
+\quad\ \ 2\ 5\ 9 \\
\hline
\end{array}
$$

$$
\begin{array}{rl}
1\ 5 & \longrightarrow \text{15 unidades} \\
8\ 0 & \longrightarrow \text{8 dezenas} \\
4\ 0\ 0 & \longrightarrow \text{4 centenas} \\
+\ 1\ 0\ 0\ 0 & \longrightarrow \text{1 unidade de milhar} \\
\hline
1\ 4\ 9\ 5 & \longrightarrow \text{soma ou total}
\end{array}
$$

a) 362 + 999 = _____

c) 854 + 237 = _____

b) 6225 + 5512 = _____

d) 1223 + 154 = _____

4. Pense, invente e calcule.

a) Invente uma conta de adição com três parcelas cujo resultado seja maior que 1000 e menor que 2000.

b) Invente uma conta de adição com duas parcelas cujo resultado seja 790.

c) Se numa adição de duas parcelas, uma parcela é 1596 e a soma é 1830, qual é a outra parcela? _____

d) Numa adição de três parcelas, a soma é 430. Quais podem ser as três parcelas?

Subtração com reserva

Você já deve ter visto como usar o algoritmo convencional para resolver contas de subtração. Vamos rever e lembrar como se faz calculando as subtrações a seguir.

537 − 228   731 − 542

1. Arme e resolva cada subtração. Depois explique, passo a passo, os cálculos que você fez para chegar ao resultado. Pense como se estivesse explicando a um colega que não sabe fazer conta armada de subtração.

a) 537 − 228

```
    5  3  7
 −  2  2  8
 _____
```

_____

_____

_____

b) 731 − 542

```
    7  3  1
 −  5  4  2
 _____
```

_____

_____

_____

2. Resolva as subtrações abaixo seguindo o passo a passo para a resolução que você descreveu na atividade anterior.

a) 1596 − 859 = _____

c) 2306 − 158 = _____

b) 8023 − 89 = _____

d) 625 − 36 = _____

3. Usando a estratégia que preferir, calcule a diferença entre:

a) 1563 e 256 _____

b) 9523 e 157 _____

c) 804 e 167 _____

d) 630 e 150 _____

4. Um desafio: escreva três contas possíveis para obter o resto ou a diferença indicado.

a) Resto ou diferença 200.

c) Resto ou diferença 500.

b) Resto ou diferença 1000.

d) Resto ou diferença 100.

Simetria de reflexão e figuras congruentes

1. Veja estas imagens:

- O que elas têm em comum? Troque ideia com os colegas e o professor.

2. As figuras abaixo têm um ou mais eixos de simetria, que estão destacados. Observe:

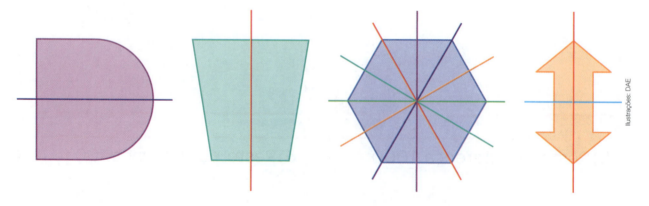

- Vamos descobrir figuras simétricas fazendo dobradura? Pegue um quadrado e um retângulo com o professor e, com um colega, descubram juntos como vocês devem dobrar cada uma dessas figuras para encontrar os eixos de simetria delas. Quando encontrarem, tracem os eixos usando régua e canetinha.

a) Quantos eixos de simetria há no quadrado? _____

b) E no retângulo? _____

Figuras que têm o mesmo tamanho e a mesma forma são chamadas de **figuras congruentes**.

3. Na malha quadriculada a seguir foram desenhados pares de figuras congruentes. Use papel transparente para contornar as figuras e formar os pares. Depois, pinte cada par com uma cor diferente.

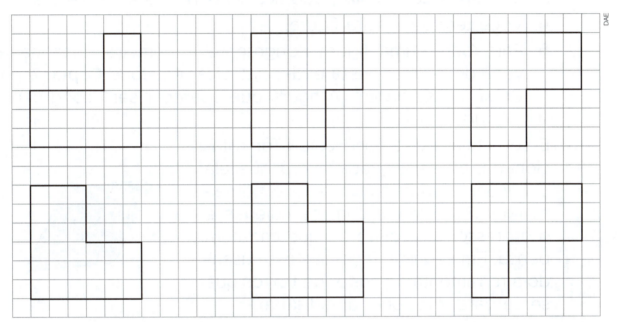

4. Na malha quadriculada a seguir, use a régua e desenhe:
   a) um par de triângulos congruentes;
   b) um par de paralelogramos congruentes;
   c) um par de trapézios congruentes.

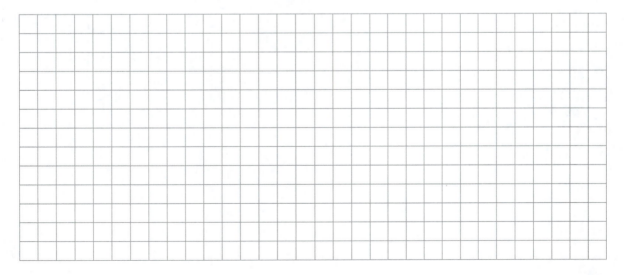

5. Vamos usar o computador para construir figuras congruentes?

a) Em um *software* editor de textos, abra um arquivo novo e nele construa figuras congruentes. Para isso, utilize as funções **Copiar** e **Colar**.

1. Primeiro, selecione um losango no ícone **Formas**, que fica na aba **Inserir**.
2. Clique na figura para selecioná-la.
3. Clique no ícone **Colar**, que fica na barra de ferramentas.
4. Você terá a primeira figura!
5. Para obter uma figura congruente à primeira desenhada, você deve clicar nesta e, depois, clicar no ícone **Copiar** e em **Colar**, nessa ordem. A figura que aparecer será congruente à figura inicial.

b) E se a figura que você colou for rotacionada, ou seja, girada? Será que ela continuará sendo congruente à primeira figura? Converse com os colegas e o professor a respeito do que cada um pensa. Em seguida, faça um teste usando a ferramenta do editor de textos que serve para rotacionar uma figura:

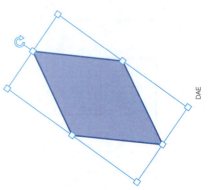

c) Depois de trocarem ideias, escolha outras duas figuras planas e construa pares de figuras congruentes. Imprima sua produção e cole-a no espaço abaixo.

Giramundo

Lá se vai o gelo...

1. Leia a notícia abaixo.

Iceberg gigante ameaça se desprender da Antártida e gera preocupação

[...]

Uma imensa rachadura na plataforma de gelo Larsen C cresceu de tal forma em dezembro que agora apenas 20 km de gelo impedem o imenso bloco de 5 mil km² (o equivalente a 500 mil campos de futebol ou à área do Distrito Federal) de se soltar.

Grande rachadura na plataforma de gelo Larsen C, na Antártida, em 2016.

A Larsen C é a maior plataforma de gelo no norte da Antártida. As plataformas de gelo são as porções da Antártida onde a camada de gelo está sobre o oceano e não sobre a terra.

[...]

Os cientistas [...] acreditam que o aquecimento global tenha antecipado a provável ruptura do *iceberg*, mas não têm evidências suficientes para embasar essa teoria.

[...]

Segundo estimativas, se todo o gelo da Larsen C derretesse, o nível dos mares aumentaria cerca de 10 cm.

[...]

Disponível em: <www.bbc.com/portuguese/internacional-38528532>. Acesso em: jul. 2017.

a) Destaque no texto os dados que se referem a estimativas.

b) Sabendo que a plataforma tem espessura de 350 m e que cada andar de um prédio tem aproximadamente 3 m de altura, calcule no caderno a quantos andares corresponde a altura dessa plataforma.

Coleção de problemas

1. Com base na imagem abaixo, invente um problema com a ideia de juntar.

_____
_____
_____
_____
_____
_____
_____
_____

2. Cristina fará uma festa de aniversário para o filho. Ela encomendou 640 salgados, 230 brigadeiros, 120 cajuzinhos e 100 beijinhos. Qual é o total de encomendas para a festa?

3. Um trem partiu com 230 passageiros. Na primeira estação, 15 deles desceram e subiram outros 11. O trem seguiu viagem e, na segunda estação, desceram 12 passageiros e subiram 44. O trem saiu da segunda estação com mais ou com menos passageiros do que quando partiu? Quantos a mais ou a menos?

Dica: Se precisar, faça um desenho para auxiliá-lo na resolução do problema.

4. A prefeitura de uma cidade está fazendo uma campanha para manter a cidade limpa e melhorar a qualidade do ar. A pessoa que coletar 140 garrafas PET ganha como recompensa a muda de uma árvore para plantá-la. A escola de Carla tem espaço para plantar 3 árvores, e os alunos resolveram participar da campanha.

Se os alunos conseguirem juntar 355 garrafas PET, quantas garrafas faltarão para eles receberem as 3 mudas de árvore?

Crianças com mudas para plantar árvores.

5. Elabore problemas que tenham as respostas a seguir.

a) Resposta: Ela conseguiu juntar 325 chaveiros até agora.

b) Resposta: Faltam 98 figurinhas para ele completar o álbum.

c) Resposta: Ricardo ficou com 60 cartas do jogo.

Medida de tempo

1. Que medidas de tempo você conhece? Converse com os colegas e o professor sobre isso.

> Há unidades de medida de tempo muito utilizadas. Veja algumas delas.
> - mês – 30 dias ou 31 dias
> - bimestre – 2 meses
> - trimestre – 3 meses
> - semestre – 6 meses
> - década – 10 dias
> - século – 100 anos
> - milênio – 1000 anos
> - ano – aproximadamente 365 dias
> - dia – 24 horas
> - hora – 60 minutos
> - minuto – 60 segundos

2. Agora pense e responda:
   a) O que é possível fazer em um dia? _____

   b) E em um ano? _____

   c) E em uma hora? _____

   d) E em um minuto? _____

29

3. Como vai sua rotina? É sempre bom parar e pensar se estamos organizando bem o tempo. Assim dá para fazer o que precisamos e o que desejamos. Por exemplo, precisamos ter tempo para estudar, brincar, comer e outras coisas mais.

a) Recorte da página 237, do **Material complementar**, o quadro Minha semana. Cole-o em uma cartolina e use-o para registrar sua rotina. Preencha cada dia da semana com as atividades que você faz. Fique atento ao período do dia em que você as realiza, para completar o quadro de maneira certa.

Depois de preenchido, você pode deixar o quadro em um lugar de destaque para servir como uma agenda.

b) Observe o quadro Minha semana que você fez e complete as frases.

- Eu passo _____ horas do dia na escola. Em uma semana, eu passo _____ horas na escola.

- Tenho _____ horas para brincar por dia.

- Preciso de mais tempo para _____.

4. Complete as lacunas.

a) Se uma década corresponde a 10 anos, duas décadas correspondem a _____ anos e quatro décadas correspondem a _____ anos.

b) 5 séculos é o mesmo que _____ anos

c) 4 horas têm _____ minutos ou _____ segundos

d) 4 dias têm _____ horas

e) 48 horas é o mesmo que _____ dias

f) 3 milênios é o mesmo que _____ anos

g) 1 ano tem _____ semestres ou _____ bimestres ou _____ trimestres

5. Que horas são? Identifique o horário indicado no relógio digital e represente-o no relógio analógico.

a) 14:30

b) 8:55

c) 6:05

d) 21:00

Para saber mais

Na indicação por escrito da leitura de horas e minutos, usamos a letra **h** minúscula para horas e a abreviação **min** para minutos.

Por exemplo: Anderson chegou a sua casa às 17 h 20 min (dezessete horas e vinte minutos). Também poderíamos escrever apenas 17 h 20.

Para indicar horas inteiras, usamos apenas a letra **h**.

Por exemplo: o curso começará às 7 h (sete horas).

Essas abreviações não devem ser usadas com letras maiúsculas nem ter ponto final.

6. Resolva:

a) Laura faz aula de circo toda quarta-feira e toda sexta-feira, das 13 h às 14 h. Quanto tempo dura cada aula?

b) Quanto tempo de aula Laura tem em uma semana? E em um mês?

Retomada

As imagens não estão representadas em proporção.

1. Observe as imagens a seguir e indique para que finalidade os números estão sendo usados: servir de código, indicar uma ordem ou medida ou representar uma quantidade.

a)

b)

c)

_____   _____   _____

2. Escreva quanto vale o algarismo destacado em cada número.

a) 12**5**6 → _____   c) **8**674 → _____

b) 9**6**3 → _____   d) 586**6** → _____

3. Coloque os números em ordem crescente.

| 206 | 805 | 1208 | 1129 | 999 | 507 |

_____

4. Coloque os números em ordem decrescente.

| 6321 | 6200 | 6327 | 6698 | 5063 | 5236 |

_____

5. Descubra o padrão e complete a sequência numérica.

637 647   697

6. Em cada item, calcule mentalmente e complete os espaços.

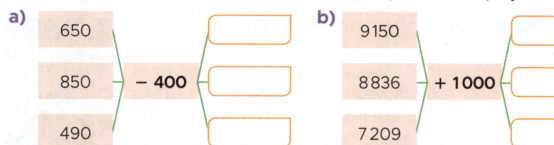

7. Resolva as operações utilizando o algoritmo convencional (conta armada).

a) 5 612 + 968 = _____

b) 2 033 + 59 + 128 = _____

c) 9 603 − 268 = _____

d) 5 007 − 137 = _____

8. Pedro precisa tomar um remédio de 8 em 8 horas. Ele tomou o primeiro comprimido às 6 h da manhã. Quando ele tomará os outros comprimidos?

_____

Periscópio

📖 Para ler

Férias na Antártica, de Marininha Klink. São Paulo: Peirópolis, 2010.

O navegador Amyr Klink, a esposa e suas três filhas fizeram cinco expedições em família à Antártica. As meninas tiveram oportunidade, ainda pequenas, de contar nesse livro o que conheceram da região, como diferentes animais, e também o que aprenderam sobre a importância de preservar o planeta.

👆 Para acessar

ThatQuiz: jogo *on-line* para treinar a leitura das horas no relógio analógico.
Disponível em: <www.thatquiz.org/pt-g/matematica/horas>. Acesso em: jun. 2017.

▶ Para assistir

Wall-E, direção de Andrew Stanton, 2008.

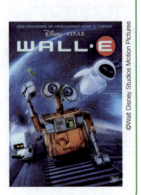

Tendo deixado a Terra inabitável, cheia de lixo, a humanidade foi morar em uma nave espacial. Wall-E é o único robô que ficou no planeta, arrumando o lixo abandonado. Uma nave chega de surpresa e traz Eva, um robô moderno, que desperta em Wall-E uma paixão imediata.

UNIDADE 2
Decifrando mensagens

1. Decifre a mensagem e descubra qual é a nova atração do Museu Marinho.

A	B	E	I	J	L	M
1	2	3	4	5	6	7

O	Q	R	S	T	U
8	9	10	11	12	13

Números e símbolos

Números até dezena de milhar

1. Leia a notícia.

Museu de Congonhas chega a 10 mil visitantes

[...]

Em 33 dias úteis de funcionamento, o Museu de Congonhas atingiu 10 mil visitantes. Parceria entre a Organização das Nações Unidas para a Educação, a Ciência e a Cultura (Unesco no Brasil), o Instituto do Patrimônio Histórico e Artístico Nacional (Iphan) e a Prefeitura de Congonhas (MG), o museu apresenta cópias de segurança fiéis dos Profetas de Aleijadinho, além de acervos, como a coleção Márcia de Moura Castro, com destaque para ex-votos e santos de devoção, adquiridos pelo Iphan.

Obras esculpidas por Aleijadinho em exposição no Museu de Congonhas. Congonhas, Minas Gerais, 2016.

[...]

O Museu, instalado em um edifício de 3.452,30 m², construído ao lado do Santuário, a partir de um projeto do arquiteto Gustavo Penna, vencedor de concurso nacional, contempla em três pavimentos sala de exposições, reserva técnica, biblioteca, auditório, ateliê, espaço educativo, cafeteria, anfiteatro ao ar livre e áreas administrativas.

O Museu de Congonhas foi viabilizado com recursos da Prefeitura Municipal de Congonhas e do Banco Nacional de Desenvolvimento Econômico e Social (BNDES). Também contou com patrocínio da Lei Rouanet [...]. Sua gestão, como a dos demais museus da cidade, é feita pela Fundação Municipal de Cultura, Lazer e Turismo de Congonhas (Fumcult).

[...]

Instituto do Patrimônio Histórico e Artístico Nacional (Iphan). Disponível em: <http://portal.iphan.gov.br/noticias/detalhes/3467/museu-de-congonhas-chega-a-10-mil-visitantes>. Acesso em: jun. 2017.

- Você conhece o número que aparece no título da notícia? Como podemos escrevê-lo usando apenas algarismos? Converse com os colegas e o professor a respeito.

2. Anote os números que serão ditados pelo professor.

3. Leia os números escritos por extenso e contorne os números escritos com algarismos que os representam corretamente. Em seguida, escreva por extenso os números que sobraram.

a) dois mil quinhentos e cinquenta e sete

- 20 557 _____

- 25 507 _____

- 2 557 _____

b) três mil duzentos e nove

- 3 000 209 _____

- 32 009 _____

- 3 209 _____

c) oito mil novecentos e trinta e cinco

- 890 035 _____

- 8 935 _____

- 89 305 _____

4. Em qual dos números abaixo o 9 representa 9 mil?

☐ 9 597   ☐ 1 692   ☐ 915   ☐ 298

5. Considere os algarismos 5, 8, 3 e 9.

a) Escreva o maior número possível de ser formado com esses algarismos, sem repeti-los. _____

b) Escreva por extenso o número formado.

_____

c) Como você pensou para saber qual era o maior número possível?

6. Coloque o número 14 567 no quadro valor de lugar.

Classe dos milhões			Classe dos milhares			Classe das unidades		
9ª ordem	8ª ordem	7ª ordem	6ª ordem	5ª ordem	4ª ordem	3ª ordem	2ª ordem	1ª ordem
Centena de milhão	Dezena de milhão	Unidade de milhão	Centena de milhar	Dezena de milhar	Unidade de milhar	Centena	Dezena	Unidade

● Agora, observando o quadro preenchido, complete as lacunas.

a) Quantas ordens tem esse número? _____ E quantas classes? _____

b) O algarismo que ocupa a 2ª ordem é o _____ e vale _____ unidades.

c) O algarismo que ocupa a 3ª ordem é o _____ e vale _____ unidades.

d) O algarismo que ocupa a 4ª ordem é o _____ e vale _____ unidades.

e) O algarismo que ocupa a 5ª ordem é o _____ e vale _____ unidades.

Quando escrevemos 8 532, estamos registrando os algarismos sabendo que cada um tem seu valor posicional, ou seja, um valor definido conforme a posição que ocupa no número. Neste caso:
- 8 vale 8 000
- 5 vale 500
- 3 vale 30
- 2 vale 2

O número 8 532 pode ser escrito como a soma dos milhares, centenas, dezenas e unidades:

8 532 = 8 000 + 500 + 30 + 2

Também pode ser escrito por extenso: oito mil quinhentos e trinta e dois.

Uso de símbolos na Matemática

1. Observe os símbolos a seguir e contorne aqueles que você ainda não conhece.

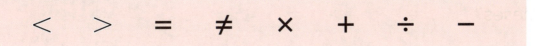

- Alguns desses símbolos você já conhece. Veja o significado de cada um e o que eles indicam.

+ adição
− subtração
× multiplicação
÷ divisão
= igual a
≠ diferente de
> maior que
< menor que

2. Preencha os espaços utilizando os símbolos **>**, **<** ou **=**.

   a) 45 + 45 _____ 100 − 10

   b) 2 000 _____ 2 × 500

   c) 3 × 6 _____ 6 × 3

   d) 2 × 9 000 _____ 2 × 8 000

   e) 2 458 _____ 2 458

   f) 8 782 _____ 8 872

   g) 6 000 + 200 _____ 3 000 + 1 200

3. Escreva uma operação que complete corretamente cada item, de acordo com os sinais = ou ≠.

   a) 3 410 ≠ _____

   b) 20 000 = _____

   c) 2 × 40 000 = _____

   d) 410 + 312 ≠ _____

39

Multiplicação

Observe como algumas crianças resolveram o problema abaixo.

Maria economiza R$ 235,00 por mês. Quanto ela economizará em 3 meses?

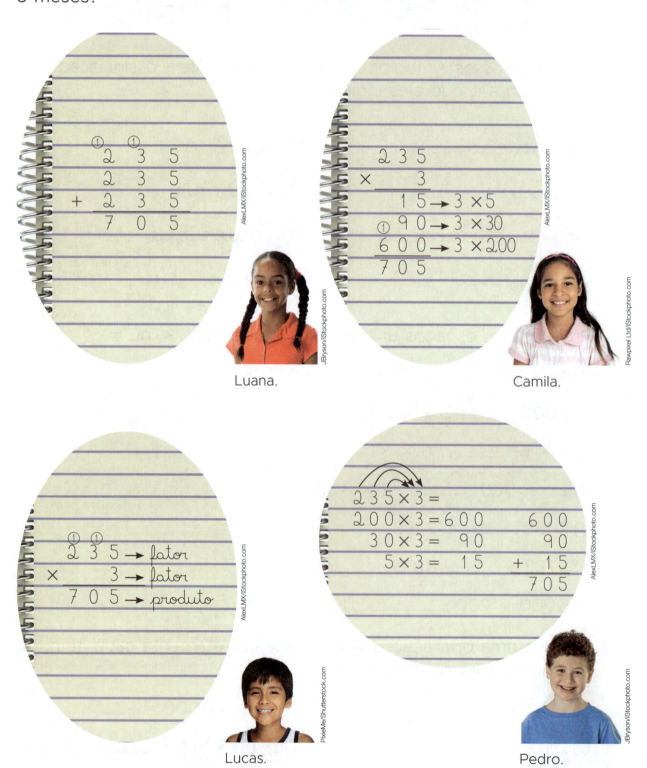

Luana.

Camila.

Lucas.

Pedro.

40

1. Todas as estratégias utilizadas pelas crianças mostram conhecimentos importantes de Matemática. Pense em tudo o que você aprendeu até agora e explique como funciona cada uma dessas estratégias.

Estratégia de Luana	**Estratégia de Lucas**

Estratégia de Camila	**Estratégia de Pedro**

2. Luana achou melhor somar três vezes para chegar ao resultado. Se Maria tivesse economizado R$ 235,00 por 15 meses, você acha que essa seria uma boa estratégia? Explique.

_____

_____

_____

3. Converse com os colegas e escrevam a conclusão a que vocês chegaram após discutir a atividade anterior.

_____

_____

_____

_____

4. Agora, veja como Mariana resolveu o mesmo problema:

$$3 \times 235 = 3 \times 200 + 3 \times 30 + 3 \times 5 =$$
$$= 600 + 90 + 15 = 705$$

- Ela decompôs o fator 235, considerando o valor posicional dos algarismos no sistema de numeração decimal.
- Mariana usou a **propriedade distributiva da multiplicação** quando multiplicou o fator 3 por 200, por 30 e por 5. Usou também a **ideia aditiva** ao somar todas essas multiplicações.

Alguma criança da atividade 1 resolveu o problema de forma parecida com a de Mariana? _____

_____

5. Calcule o produto de cada multiplicação a seguir utilizando a propriedade distributiva.

a) 316 × 6 = _____

d) 59 × 8 = _____

b) 124 × 2 = _____

e) 139 × 7 = _____

c) 656 × 3 = _____

f) 247 × 5 = _____

42

Tabuada

1. Converse com o professor e os colegas sobre as questões a seguir.

    a) Você sabe as tabuadas do 1 ao 10?
    b) Quais tabuadas são mais fáceis para você?
    c) Quais tabuadas são mais difíceis?

2. Observe o quadro da multiplicação abaixo, já com alguns resultados preenchidos. O que precisamos fazer para obter os resultados que faltam? Descubra e continue preenchendo o quadro.

Quadro da multiplicação

×	0	1	2	3	4	5	6	7	8	9	10
0											
1								7			
2			4								
3					12					27	
4											40
5	0	5							40		
6						30					
7								49			
8											
9											
10											

3. Observe o quadro que você preencheu e responda às questões.

    a) Quais produtos (resultados das multiplicações) você teve mais dificuldade para encontrar? _____
    b) Procure no quadro os resultados que se repetem. Explique porque isso acontece e dê dois exemplos.

    _____

    _____

43

> No quadro da multiplicação, é possível perceber uma propriedade importante dessa operação: **a propriedade comutativa**. Os fatores são os mesmos, apenas mudaram de ordem. A palavra **comutativa** significa "trocável".
>
> De acordo com a propriedade comutativa, **a ordem dos fatores não altera o produto**.

c) Como a propriedade comutativa pode ajudar na memorização dos resultados das tabuadas do 1 ao 10?

_____

Quadro da multiplicação

×	0	1	2	3	4	5	6	7	8	9	10
0	0	0	0	0	0	0	0	0	0	0	0
1	0	1	2	3	4	5	6	7	8	9	10
2	0	2	4	6	8	10	12	14	16	18	20
3	0	3	6	9	12	15	18	21	24	27	30
4	0	4	8	12	16	20	24	28	32	36	40
5	0	5	10	15	20	25	30	35	40	45	50
6	0	6	12	18	24	30	36	42	48	54	60
7	0	7	14	21	28	35	42	49	56	63	70
8	0	8	16	24	32	40	48	56	64	72	80
9	0	9	18	27	36	45	54	63	72	81	90
10	0	10	20	30	40	50	60	70	80	90	100

d) O que você observa em relação aos produtos das tabuadas do 5 e do 10? _____

_____

e) E em relação aos produtos das tabuadas do 2 e do 4?

_____

_____

f) E do 4 e do 8? _____

_____

g) Para obter o número 12, podemos calcular 2 × 6 ou 3 × 4. Ainda com base no quadro da multiplicação, escreva quais multiplicações resultam nos números:

- 18 = _____
- 30 = _____
- 36 = _____
- 16 = _____

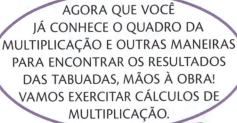

AGORA QUE VOCÊ JÁ CONHECE O QUADRO DA MULTIPLICAÇÃO E OUTRAS MANEIRAS PARA ENCONTRAR OS RESULTADOS DAS TABUADAS, MÃOS À OBRA! VAMOS EXERCITAR CÁLCULOS DE MULTIPLICAÇÃO.

4. Resolva as contas utilizando o algoritmo da multiplicação.

a) 3 × 456 = _____

b) 1235 × 8 = _____

c) 6 014 × 6 = _____

d) 58 × 4 = _____

e) 1789 × 9 = _____

f) 8 741 × 2 = _____

g) 667 × 6 = _____

h) 894 × 7 = _____

5. Descubra a regra de cada sequência e continue calculando.

a) 0, 9, 18, _____, _____, _____, _____, _____, _____, _____, _____.

b) 0, 10, _____, _____, _____, _____, _____, _____, _____, _____, 100

c) 0, _____, _____, 300, 400, _____, _____, _____, _____, _____, _____.

Estimativa

1. Observe a imagem.

Corredores durante maratona.

Converse com os colegas e responda às questões.

a) É possível saber qual é o local da imagem?

b) Sem contar de um em um, quantas pessoas, aproximadamente, participam dessa corrida? Como você fez para saber?

46

Cálculo mental

1. Escreva o produto de cada multiplicação a seguir.

$4 \times 2 =$ _____

$4 \times 20 =$ _____

$4 \times 200 =$ _____

$8 \times 2 =$ _____

$8 \times 20 =$ _____

$8 \times 200 =$ _____

2. Resolva as contas mentalmente e depois use a calculadora para conferir os resultados.

a) $86 \times 6 =$ _____

$86 \times 60 =$ _____

$86 \times 600 =$ _____

$86 \times 6\,000 =$ _____

b) $28 \times 7 =$ _____

$28 \times 70 =$ _____

$28 \times 700 =$ _____

$28 \times 7\,000 =$ _____

c) $35 \times 5 =$ _____

$35 \times 50 =$ _____

$35 \times 500 =$ _____

$35 \times 5\,000 =$ _____

d) $78 \times 4 =$ _____

$78 \times 40 =$ _____

$78 \times 400 =$ _____

$78 \times 4\,000 =$ _____

• Que regularidade é possível observar nos produtos dessas multiplicações?

_____

3. Complete:

a) _____ $= 7 \times 4$

_____ $= 7 \times 5$

_____ $= 7 \times 6$

_____ $= 7 \times 7$

b) _____ $= 6 \times 6$

_____ $= 6 \times 7$

_____ $= 6 \times 8$

_____ $= 6 \times 9$

c) 6 × 200 = _____

7 × 200 = _____

8 × 100 = _____

2 × 300 = _____

4 × 400 = _____

3 × 500 = _____

d) 5 × 5 = _____

_____ × _____ = 30

_____ × _____ = 35

5 × 8 = _____

_____ × _____ = 45

_____ × _____ = 50

4. Observe como Leonardo pensou e calcule da mesma maneira que ele.

Para calcular 6 × 20, eu faço assim:
6 × 2 × 10 = 12 × 10 = 120.

a) 4 × 20 = _____ × _____ × _____ = _____

b) 3 × 90 = _____ × _____ × _____ = _____

c) 6 × 70 = _____ × _____ × _____ = _____

d) 9 × 30 = _____ × _____ × _____ = _____

e) 4 × 40 = _____ × _____ × _____ = _____

f) 5 × 50 = _____ × _____ × _____ = _____

Coleção de problemas

1. Para abastecer a cozinha de uma escola, foram encomendadas 25 caixas de maçãs, cada caixa com 9 maçãs. Quantas maçãs foram encomendadas?

2. Uma das salas de aula da escola está sendo reformada e todo o piso será trocado. No chão dessa sala cabem 36 colunas por 9 linhas de lajotas. Quantas lajotas serão necessárias para reformar toda essa sala?

_____

3. Outra sala dessa mesma escola precisará do dobro dessa quantidade de lajotas. Quantas lajotas serão necessárias?

_____

4. Complete o problema com a informação:

> 8 prateleiras, cada uma com 56 livros.

Depois, elabore a pergunta do problema.

Uma livraria tinha 1032 livros. Recebeu novos títulos e os organizou em _____.

_____

_____

_____

49

5. Invente um problema que possa ser resolvido por meio de uma multiplicação cujo produto seja 80.

_____

_____

_____

_____

6. Observe esta imagem.

SerrNovik/iStockphoto.com

a) Escreva três perguntas que possam ser respondidas com base na imagem.

_____

_____

_____

_____

b) Crie um problema que possa ser resolvido com base na imagem e sem a necessidade do uso de cálculos.

_____

_____

_____

_____

Deslocamentos, localização e retas

Veja este labirinto que fica dentro da Praça das Flores, no centro de Nova Petrópolis, cidade típica alemã na Serra Gaúcha.

Labirinto verde em Nova Petrópolis, Rio Grande do Sul, 2011.

O desafio desse labirinto é encontrar seu centro, onde há uma espécie de pódio para a pessoa subir. Depois, há um novo desafio, que é retornar ao ponto da entrada.

1. Você já brincou em algum labirinto? Se já, o que achou da experiência?

2. Junte-se a um colega e, juntos, descubram o caminho dos dois labirintos a seguir sabendo que **E** é a entrada e **S** é a saída.

Labirinto **A**

51

Labirinto **B**

a) Discutam, com outra dupla, como vocês fizeram para realizar os percursos.

b) Agora, observem este trecho do labirinto **A**:

- Para andar nesse primeiro trecho do labirinto **A**, é necessário traçar uma linha entre duas retas paralelas. Vocês conseguem localizar no percurso que retas são essas? Pintem-nas de verde.

c) Depois vocês continuam no percurso, passando por outras retas paralelas. Pinte de azul duas outras retas paralelas neste trecho.

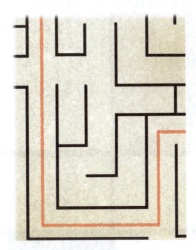

Além de retas paralelas, o labirinto **A** é formado por retas perpendiculares. Veja esta parte do labirinto:

reta horizontal

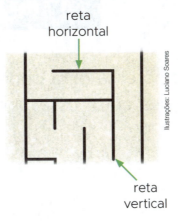

reta vertical

A reta que está na posição vertical é perpendicular à reta que está na posição horizontal. Podemos dizer, então, que este labirinto é formado por retas paralelas e perpendiculares.

3. Pinte de vermelho duas retas perpendiculares no labirinto **B**.

4. Forme um grupo e, juntos, façam o que se pede.
   1. Orientados pelo professor, montem um trajeto usando pedaços de barbante. Estipulem um ponto de partida e outro de chegada. Depois, um grupo faz o percurso do outro.
   2. Quando terminarem de percorrer o trajeto do outro grupo, cada um registra, usando a régua, o caminho que fez.

53

5. Veja esta obra do artista Piet Mondrian. O quadro se chama *Composição C*.

Piet Mondrian. *Composição C (nº III) com vermelho, amarelo e azul*, 1935. Óleo sobre tela, 56 cm × 55 cm.

a) Em sua opinião, como essa obra pode ter sido feita?
b) Quais são as relações entre essa obra e o que você estudou nesta unidade até agora?

Para saber mais

[...] Mondrian nasceu em Amersfoort, Holanda, no dia 7 de março de 1872, e seu verdadeiro nome era Pieter Cornelis Mondrian. [...] Em 1917, [...] desenvolveu sua teoria sobre as novas formas artísticas, que denominou neoplasticismo. [...]

Disponível em: <www.arte.seed.pr.gov.br/modules/galeria/detalhe.php?foto=403>. Acesso em: jun. 2017.

Amersfoort (Países Baixos): localização

Fonte: *Atlas geográfico escolar*. 7. ed. Rio de Janeiro: IBGE, 2016. p. 43.

54

6. Nas figuras a seguir, os lados que estão pintados com a mesma cor são paralelos.

- Usando a mesma cor, pinte os lados das figuras planas abaixo que são paralelos.

7. Use um *software* editor de texto para fazer figuras. Siga as orientações:

1. Clique em **Inserir** e depois no ícone **Formas**.
2. Escolha figuras formadas por retas paralelas e faça uma composição com elas. As formas que você escolher podem ser colocadas na posição que desejar. Basta clicar com o *mouse* na figura e ela ficará assim:
3. Clique com o *mouse* no círculo verde e perceba que a figura pode girar no sentido que você quiser, conforme os movimentos do *mouse*.
4. Para ampliar ou reduzir a figura, é só posicionar o *mouse* no círculo azul e arrastá-lo.
5. Outra modificação possível é a transformação da figura. Para isso, você deve posicionar o *mouse* em um dos quadrados azuis e arrastá-lo. A figura será redimensionada, mas algumas de suas propriedades não serão alteradas, como é o caso dos lados paralelos.
6. Agora, selecione as figuras planas com lados paralelos que desejar e faça uma composição. Imprima sua produção, dê um nome a ela e ajude o professor a organizar uma exposição dos trabalhos da turma.

55

Giramundo

Mapas e plantas

Para localizar paisagens, espaços, ambientes e até trajetos podemos usar diferentes estratégias.

Mapas são as representações gráficas de uma superfície tridimensional em uma superfície bidimensional. Podem ser de países, estados, cidades, bairros e trajetos.

Croqui é um esboço ou desenho feito sem pressupor grande precisão ou refinamento gráfico. Pode ser entendido como a primeira fase de um projeto.

Brasil: países vizinhos

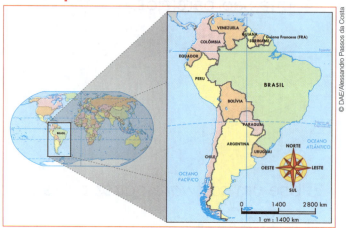

Fonte: *Atlas geográfico escolar*. 7. ed. Rio de Janeiro: IBGE, 2016. p. 41.

Brasil: região central de Salvador

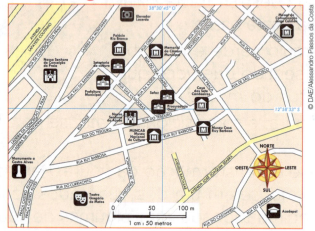

Google Maps. Disponível em: <https:goo.gl/maps/ogF9PDTpL6G2>. Acesso em: ago. 2017.

Veja o croqui da Praça dos Três Poderes, em Brasília.

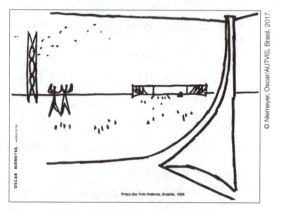

Oscar Niemeyer. *Praça dos Três Poderes,* Brasília, 1958.

56

[...]
Planta baixa é um desenho técnico [...]. Nela é possível visualizar o ambiente como se estivesse olhando de cima, sem o telhado.

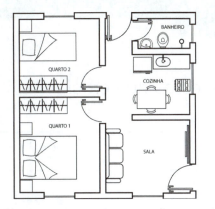
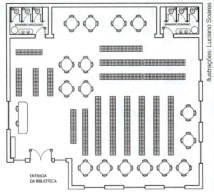

Nesta representação, é possível mostrar a dimensão da área construída, largura e comprimento dos elementos [...].

CAU/BR. Disponível em: <http://arquiteturaurbanismotodos.org.br/planta-baixa/>. Acesso em: jun. 2017.

1. Elabore uma planta baixa da sala de aula e localize sua carteira.

2. Elabore o croqui de um percurso que seu colega pode fazer para chegar a um lugar de sua escola escolhido por você. Lembre-se de indicar o local de partida e o de chegada.

Retomada

1. Escreva como se leem estes números.

a) 12 309 _____

b) 553 _____

c) 6 636 _____

d) 33 298 _____

2. Resolva as multiplicações do modo que preferir.

a) 3 × 314 = _____

d) 9 × 239 = _____

b) 7 × 627 = _____

e) 8 × 1433 = _____

c) 3 × 6 038 = _____

f) 6 × 7 005 = _____

58

3. Complete cada item com **>** (maior que) ou **<** (menor que).

a) 2 × 200 _____ 410

b) 2 × 300 _____ 2 × 150

c) 5 × 500 _____ 2 × 700

d) 6 × 100 _____ 800

e) 5 × 100 _____ 5 × 300

f) 7 × 840 _____ 6 500

4. Usando a régua, continue o desenho para obter:

a) duas retas paralelas;

b) duas retas perpendiculares.

Periscópio

📖 Para ler

Uma história com mil macacos, de Ruth Rocha.
Ilustrações de Cláudio Martins. São Paulo: Salamandra, 2009. (Coleção Vou te Contar).
Já imaginou se, em uma cidade pequena, começassem a chegar macacos sem parar? Alguém andou fazendo contas erradas... Leia essa história divertida e descubra por que isso aconteceu. O que será que as pessoas da cidade vão fazer com toda essa macacada?

Palavras são pássaros, de Angela Leite de Souza.
Origamis de Pipida Fontenelle. São Paulo: Mundo Mirim, 2012.
Com a delicadeza e a beleza do *origami* são apresentados elementos da natureza, também traduzidos em forma de poesia. Uma homenagem feita a artistas do Brasil e de outros países e a diferentes formas de expressão de arte.

Aritmética da Emília, de Monteiro Lobato. São Paulo: Globo, 2009.
Depois de explorarem o País da Gramática, os amigos da turma do Sítio do Picapau Amarelo resolvem se aventurar pelo mundo da Matemática. Mas, para isso, eles nem precisarão viajar: o País da Aritmética é que desembarca no sítio. Emília e toda sua turma descobrirão um lugar cheio de números e operações matemáticas, além de perceber que essa matéria também é muito divertida.

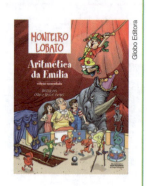

UNIDADE 3
O tamanho das coisas

1. Esta é a imagem da maior cadeira de balanço do mundo. Ela foi feita por Jim Bolin, nos Estados Unidos.

Operários trabalhando em Casey, EUA, em 2015, na montagem da *Largest Rocking Chair*, maior cadeira de balanço do mundo segundo o *Guinness World Record*.

• Considerando a altura dos operários, estime a altura da cadeira gigante. Marque com um **X** a alternativa mais adequada.

☐ 30 metros a 40 metros de altura

☐ 10 metros a 20 metros de altura

☐ 50 metros a 60 metros de altura

61

Números e operações

Números até centena de milhar

Rio recebeu 1,2 milhão de visitantes durante Jogos Olímpicos

Público nas arquibancadas de estádio olímpico, durante os Jogos Olímpicos Rio 2016.

1. Leia a notícia.

De acordo com balanço divulgado nesta terça-feira (23), o Rio de Janeiro recebeu 1,17 milhão de visitantes durante a realização do torneio. Destes, 410 mil eram turistas estrangeiros.

A chegada dos viajantes também se refletiu na ocupação da rede hoteleira, que chegou a 94%. A maior parte dos turistas veio dos Estados Unidos, seguidos por argentinos e alemães. Em média, cada estrangeiro gastou R$ 424,62 por dia na cidade. No caso dos brasileiros, os turistas de São Paulo foram maioria (43%) no Rio, seguidos de gaúchos e mineiros. A Prefeitura disse que os brasileiros gastaram, por dia, R$ 310,42.

Disponível em: <www.brasil.gov.br/turismo/2016/08/rio-recebeu-1-2-milhao-de-visitantes-durante-jogos-olimpicos>. Acesso em: jun. 2017.

a) Contorne todas as informações numéricas que aparecem no texto. Você sabe o que cada uma significa? Troque ideias com os colegas e o professor.

b) Escreva com algarismos a quantidade de estrangeiros que visitaram o Brasil em 2016. _____

2. Escreva com algarismos os números a seguir:
a) quatrocentos e trinta e sete mil quinhentos e cinquenta e dois;

_____

b) trinta e dois mil duzentos e nove; _____
c) novecentos e noventa e nove mil novecentos e noventa e nove.

_____

62

3. Localize na reta numérica os números: 110 mil, 250 mil, 330 mil, 410 mil, 480 mil e 570 mil.

4. Contorne o maior número em cada item.

a) 315 425   620 204

b) 96 125   960 102

c) 999 003   909 300

d) 556 421   505 412

5. Siga o exemplo e decomponha os números de duas maneiras diferentes.

165 444

165 444 = 100 000 + 60 000 + 5000 + 400 + 40 + 4

165 444 = 2 × 50 000 + 2 × 30 000 + 5000 + 2 × 200 + 2 × 20 + 4

a) 85 202

- 85 202 = _____
- 85 202 = _____

b) 502 400

- 502 400 = _____
- 502 400 = _____

c) 325 079

- 325 079 = _____
- 325 079 = _____

63

Divisão

1. Na turma de Lara há 30 alunos. Para cada atividade realizada, os alunos são divididos em grupos com diferentes quantidades de pessoas. Em dupla, pensem em uma maneira de encontrar as respostas para as situações a seguir. Registre os resultados no quadro.

	Número de alunos na turma	Número de alunos por grupo	Quantidade de grupos	Alunos que sobraram (ficaram sem grupo)
Atividade 1	30	2		
Atividade 2	30	3		
Atividade 3	30	4		
Atividade 4	30	5		
Atividade 5	30	6		
Atividade 6	30	7		
Atividade 7	30	8		
Atividade 8	30	9		
Atividade 9	30	10		

Termos da divisão

Vamos usar como exemplo a atividade 3 feita pela turma de Lara: divisão de 30 por 4. Observe o nome que cada termo recebe.

dividendo → 3 0 | 4 ← divisor
− 2 8   7 ← quociente
resto → 0 2

- O número 30 representa a quantidade que será dividida.
- O 4 é o número de pessoas de cada grupo.
- O 7 é o número de grupos formados.
- E o resto 2 indica que sobraram 2 pessoas sem grupo.

2. Escolha três resultados da atividade 1 e identifique cada número pelos termos da divisão. Não vale escolher 30 ÷ 4 = 7, resto 2.

a) Dividendo: _____; divisor: _____; quociente: _____; resto: _____.

b) Dividendo: _____; divisor: _____; quociente: _____; resto: _____.

c) Dividendo: _____; divisor: _____; quociente: _____; resto: _____.

3. Resolva os cálculos da maneira que preferir e complete o quadro.

	Dividendo	Divisor	Quociente	Resto
a)	126	2		
b)	54	3		
c)		4	25	
d)		3	16	
e)	665	5		

4. Por que as contas do quadro que você preencheu apresentam resultado exato, ou seja, sem resto?

_____

_____

_____

5. Pense e registre duas contas de divisão que tenham resto diferente de zero.

6. Leia o problema a seguir. Para levar os alunos a uma apresentação de teatro, uma escola comprou 150 ingressos e quer distribuí-los igualmente entre as 5 turmas. Quantos ingressos cada turma receberá?

Atores durante peça de teatro.

a) Como você resolveria esse problema? Registre.

b) Agora observe como algumas crianças o resolveram:

Inês

10 10 10 10 10
10 10 10 10 10
10 10 10 10 10

Camila

```
  1 5 0 | 5
−   2 5   5
  1 2 5 + 5
−   2 5 + 5
  1 0 0 + 5
−   2 5 + 5
    7 5 + 5
−   2 5 3 0
    5 0
−   2 5
    2 5
−   2 5
      0
```

Mariana

```
1 5 0 | 5
  5 0   1 0
−1 0 0 + 1 0
  5 0 + 1 0
  5 0   3 0
  5 0
    0
```

Lucas
Se 3 × 5 = 15,
então 30 × 5 = 150.
Logo, 150 ÷ 5 = 30.

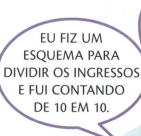

c) Que diferença você observa entre a estratégia utilizada por Camila e a utilizada por Mariana? E que semelhança há entre elas?

_____

_____

d) Compare a estratégia de Lucas às estratégias de Camila e Mariana. Anote suas observações.

_____

_____

e) Resolva as contas abaixo por meio da estratégia usada por Lucas.

120 ÷ 3 = _____	210 ÷ 7 = _____
450 ÷ 5 = _____	240 ÷ 6 = _____

7. Escolha uma das estratégias utilizadas por Inês, Camila, Lucas ou Mariana, na página 66, para resolver as divisões a seguir.

a) 615 ÷ 5 = _____

d) 184 ÷ 8 = _____

b) 252 ÷ 4 = _____

e) 424 ÷ 2 = _____

c) 324 ÷ 3 = _____

f) 492 ÷ 6 = _____

Bingo de tabuada

Você já brincou de bingo? Que tal jogar um bingo diferente?

Converse com os colegas e o professor para descobrir como jogar o **bingo de tabuada**.

Participantes:

toda a turma.

Material:

- fichas de multiplicação de 2 a 10 trazidas pelo professor, para usar como consulta;
- cartela de bingo.

Como jogar

1. Com a ajuda de suas fichas de consulta, escolha um resultado qualquer de cada tabuada do 2 ao 9. Complete os espaços do quadro abaixo com os resultados que você escolheu. Você formará uma cartela de bingo!
2. O professor falará à turma algumas multiplicações, e você deve verificar se essas multiplicações estão na cartela que você preencheu. Caso estejam, basta marcá-las. Ganha quem marcar todas as contas da cartela primeiro.

69

Agora pense sobre o jogo

1. Júnior estava jogando **bingo de tabuada** durante a aula e marcou os números a seguir em sua cartela. Anote ao lado de cada número as multiplicações que o professor pode ter falado.

   a) 16 ⟶ _____   d) 54 ⟶ _____

   b) 28 ⟶ _____   e) 35 ⟶ _____

   c) 27 ⟶ _____   f) 72 ⟶ _____

2. A professora de Joaquim falou as multiplicações a seguir:

Marque com um **X** a alternativa correspondente aos resultados das operações faladas pela professora.

a) ☐ 12 ☐ 48 ☐ 42

b) ☐ 12 ☐ 40 ☐ 42

c) ☐ 16 ☐ 40 ☐ 42

 **Fração**

1. Pesquise no dicionário e anote o significado da palavra **fração**.

_____

_____

2. Agora veja o desenho deste retângulo e faça o que se pede.

a) O retângulo está dividido em quantas partes? _____
b) Pinte uma dessas partes.
c) Complete:

- Você pintou _____ parte de _____ partes do retângulo.

- A fração que representa a parte que você pintou é _____.

$$\frac{1}{2} \begin{array}{l} \rightarrow \text{numerador} \\ \rightarrow \text{denominador} \end{array}$$

> Podemos representar frações de duas maneiras: por meio de representação geométrica (com desenho) e na forma de expressão matemática.
>
> Na forma de expressão matemática, a fração é representada de acordo com uma regra geral. Seus termos são chamados de **numerador** e **denominador**. Uma barra separa o numerador do denominador para indicar a operação de divisão. O denominador representa a quantidade de partes em que o inteiro foi dividido, e o numerador representa a parte desse inteiro tomada – no caso da atividade 2, a parte do retângulo que você pintou.

3. Escreva a fração que representa a parte pintada de cada figura.

a) _____   b) _____

71

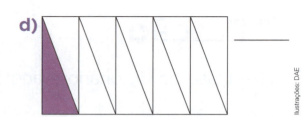

4. Escreva como se lê cada fração do exercício anterior. Se precisar, consulte o quadro de leitura a seguir.

a) _____

b) _____

c) _____

d) _____

Quadro de leitura de frações						
Fração	Leitura	Fração	Leitura	Fração	Leitura
$\dfrac{1}{2}$	um meio ou metade	$\dfrac{1}{5}$	um quinto	$\dfrac{1}{8}$	um oitavo
$\dfrac{1}{3}$	um terço	$\dfrac{1}{6}$	um sexto	$\dfrac{1}{9}$	um nono
$\dfrac{1}{4}$	um quarto	$\dfrac{1}{7}$	um sétimo	$\dfrac{1}{10}$	um décimo

5. Escreva a fração que representa as partes das barras que não foram pintadas.

Estimativa ?

1. Em cada operação, estime o resultado mais provável. Você deve registrar a estratégia que usou em cada caso.

a) $180 \div 6 =$
- [ ] 22
- [ ] 30
- [ ] 90

b) $450 \div 25 =$
- [ ] 15
- [ ] 35
- [ ] 18

c) $123 \times 3 =$
- [ ] 366
- [ ] 369
- [ ] 359

d) $507 \times 5 =$
- [ ] 2 835
- [ ] 2 035
- [ ] 2 535

Cálculo mental

1. Resolva as contas usando estratégias de cálculo mental.

a) $45 \div 9 =$ _____

   $450 \div 9 =$ _____

b) $45 \div 5 =$ _____

   $450 \div 5 =$ _____

c) $48 \div 6 =$ _____

   $480 \div 6 =$ _____

d) $48 \div 8 =$ _____

   $480 \div 8 =$ _____

e) $64 \div 8 =$ _____

   $640 \div 8 =$ _____

f) $72 \div 9 =$ _____

   $720 \div 9 =$ _____

g) $81 \div 9 =$ _____

   $810 \div 9 =$ _____

h) $12 \div 2 =$ _____

   $120 \div 2 =$ _____

2. Calcule a metade dos números a seguir.

a) 10 ⟶ _____
b) 20 ⟶ _____
c) 30 ⟶ _____
d) 40 ⟶ _____
e) 50 ⟶ _____

f) 100 ⟶ _____
g) 200 ⟶ _____
h) 300 ⟶ _____
i) 400 ⟶ _____
j) 500 ⟶ _____

k) 1 000 ⟶ _____
l) 2 000 ⟶ _____
m) 3 000 ⟶ _____
n) 4 000 ⟶ _____
o) 5 000 ⟶ _____

Medida de comprimento

Metro, decímetro, centímetro e milímetro

Veja este livro:

Michael Hawley, do Instituto de Tecnologia de Massachusetts (MIT), apresentando seu livro no Japão, em 2003.

Ele foi lançado em 2003 como o maior livro do mundo. Pesa mais de 60 quilos, mede cerca de 1,5 metro por 2,1 metros e tem 112 páginas.

Fonte: <www1.folha.uol.com.br/folha/ciencia/ult306u10745.shtml>. Acesso em: set. 2017.

Você aprendeu que 1 metro equivale a 100 centímetros. Se continuarmos dividindo o metro, teremos outras unidades de medida.

1. Meça quatro objetos de sua sala de aula com uma fita métrica. Anote no caderno a medida de cada um. Em seguida, responda:

   a) Quantos objetos têm mais de 1 metro? _____

   b) E quantos têm menos de 1 metro? _____

2. Com o auxílio do professor, faça uma fita para representar 1 metro. Marque onde está a metade da fita.

   a) Qual medida representa a metade de 1 metro, ou seja, a metade de 100 centímetros?

   _____

   b) Complete:

   Para encontrar a metade de 100 centímetros, dividimos 100 centímetros em _____ partes iguais.

Observe a fita a seguir, que tem 1 m de comprimento, ou seja, 100 cm. Ela está dividida em 10 partes iguais, cada uma medindo 10 cm.

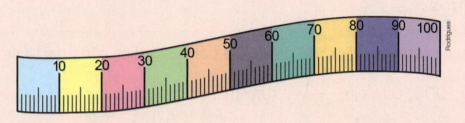

Como a fita inteira tem 1 m, cada uma dessas partes representa um décimo $\left(\dfrac{1}{10}\right)$ do metro. Chamamos $\dfrac{1}{10}$ do metro de decímetro (dm). Cada decímetro tem 10 cm.

3. Complete. Se 1 dm tem 10 cm, então:

   a) 2 dm têm _____ cm;

   b) 3 dm têm _____ cm;

   c) 4 dm têm _____ cm;

   d) 5 dm têm _____ cm;

   e) 8 dm têm _____ cm;

   f) 12 dm têm _____ cm.

4. Complete o quadro.

5. Localize as medidas na fita métrica.

a) 2 dm   b) 8 dm   c) 10 dm

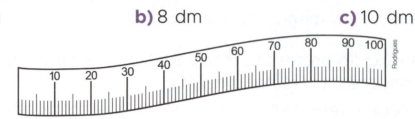

> Quando o metro é dividido em 100 partes iguais, cada parte representa 1 parte de 100. Devemos representá-la assim: $\frac{1}{100}$ (um centésimo).
>
> Chamamos $\frac{1}{100}$ do metro de **centímetro** (**cm**).

6. Um pedaço de tecido de 18 m de comprimento tem quantos centímetros? _____

> Se o metro for dividido em 1000 partes iguais, cada parte será 1 parte de 1000, ou seja, $\frac{1}{1000}$ (um milésimo).
>
> Chamamos $\frac{1}{1000}$ do metro de **milímetro** (**mm**).

7. Complete:

1 m = _____ cm ou _____ dm ou _____ mm.

- Você percebeu que, quanto mais dividimos o inteiro, menores as partes ficam?

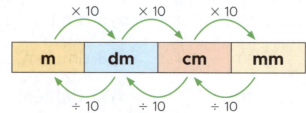

76

Uma nova medida de comprimento

1. Durante uma gincana na escola, os alunos de um mesmo time deveriam dar uma volta completa em torno da quadra de esportes. Antes do início, os alunos começaram a estimar a medida de cada lado da quadra. Como você pode ajudá-los a resolver esse problema?

• Junte-se a três colegas. O professor entregará um pedaço de barbante de 1 m de comprimento a cada integrante do grupo. Cada grupo ficará, assim, com quatro barbantes, todos do mesmo comprimento. Antes de descobrir quantos barbantes são necessários para cobrir os lados da quadra, façam uma estimativa e anotem no quadro abaixo.

Nome do aluno	Estimativa da quantidade de barbantes de 1 m de comprimento	Medida real

2. Seria possível usar esse mesmo barbante para medir o contorno de seu livro? Ele tem o comprimento ideal? E se você tivesse de escolher um instrumento de medida, qual escolheria? Justifique sua resposta.

_____

_____

3. Para medir o contorno do tampo de sua mesa, o que é melhor usar: o barbante ou o objeto que você usou para medir o contorno do caderno? E se você precisar medir o contorno da sala de aula? Que objeto é mais adequado? Por quê?

_____

_____

77

Quando adicionamos as medidas do contorno de uma figura, estamos calculando o perímetro dessa figura.

Veja as figuras a seguir e o cálculo do perímetro de cada uma.

Figura	Cálculo do perímetro
retângulo 2 cm × 3 cm	2 cm + 2 cm + 3 cm + 3 cm = 10 cm
triângulo de lados 3 cm, 3 cm e 2 cm	2 cm + 3 cm + 3 cm = 8 cm
pentágono de lado 2 cm	2 cm + 2 cm + 2 cm + 2 cm + 2 cm = 10 cm ou 5 × 2 cm = 10 cm

4. Calcule o perímetro da representação de um terreno, sabendo que o lado de cada quadradinho que compõe a figura mede 1 m.

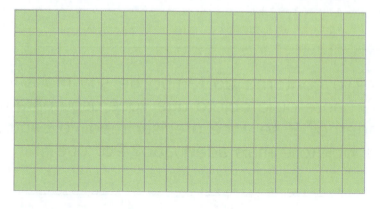

78

5. Se o terreno da atividade anterior tivesse a metade do tamanho que tem, qual seria o perímetro dele? Faça um desenho para representar sua resposta.

---

6. No pátio de uma escola haverá uma apresentação de dança. Observe a imagem e calcule quantos metros de fita serão necessários para limitar a área utilizada.

---

7. Calcule o perímetro de cada figura abaixo.

a)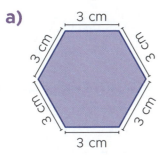

b)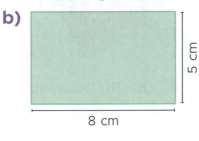

c)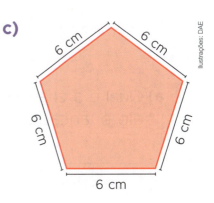

Qual é a probabilidade?

1. Laurinda colocou 3 bolas brancas e 4 bolas vermelhas dentro de uma caixa fechada. Agora ela resolveu retirar uma bola dessa caixa. Qual é a probabilidade de essa bola ser branca?

> Vamos considerar o total de bolas: 3 + 4 = 7. Laurinda vai retirar somente 1 bola.
>
> Portanto, a **probabilidade** de sair uma bola branca é de 3 em 7, o que, em Matemática, escrevemos:
>
> $$\frac{3}{7}$$ (três sétimos)

a) Se Laurinda tivesse somente 2 bolas brancas e 1 bola vermelha dentro da caixa, que fração representaria a probabilidade de ela retirar 1 bola branca?

_____

b) Ariane, amiga de Laurinda, também tem uma caixa com bolas coloridas. Na caixa dela há 6 bolas verdes e 3 amarelas. Qual é a probabilidade de Ariane retirar 1 bola amarela?

_____

2. Pense e responda:

a) Qual é a chance de sair um número de 1 a 6 em um dado quando ele é lançado?

_____

b) E de sair um número menor do que 3 quando o dado é lançado?

_____

80

Coleção de problemas

1. Numere as tiras para organizar o problema. Depois, resolva-o.

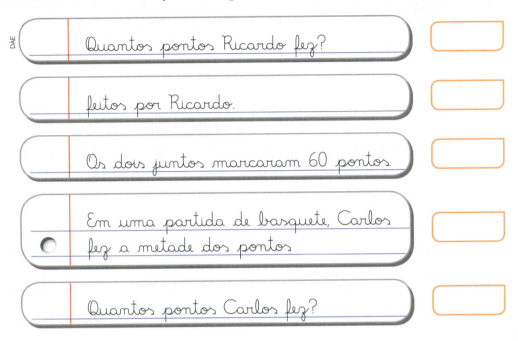

- Agora resolva o problema.

2. Silvana trabalha 6 horas por dia em uma escola. Ela não trabalha aos sábados nem aos domingos. Quantas horas ela trabalha em uma semana? E em quatro semanas?

3. Uma editora vendeu 1652 livros para 4 grandes escolas. Se as escolas compraram quantidades iguais, quantos livros cada uma recebeu?

4. A figura ao lado é formada por um retângulo cujos lados medem 12 cm e 6 cm e por um quadrado com 8 cm de lado. A medida do perímetro dessa figura é:

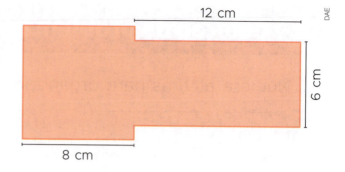

☐ 58 cm.   ☐ 54 cm.

☐ 26 cm.   ☐ 56 cm.

5. Meire conseguiu economizar 54 reais em 1 mês. Quanto ela economizará em 2, 3 e 4 meses se guardar a mesma quantia?

_____

6. Para a festa junina da escola, os alunos arrecadaram prendas por 4 semanas. Em seguida, montaram a tabela abaixo com as quantidades coletadas.

Prendas coletadas

	Brinquedos	Material escolar	Acessórios	Enfeites de casa
1ª semana	179	105	31	109
2ª semana	96	87	55	54
3ª semana	205	99	17	21
4ª semana	67	13	9	86

Fonte: Dados obtidos com base na arrecadação de prendas.

• Complete com verdadeiro (**V**) ou falso (**F**) as afirmações abaixo, tomando a tabela como referência.

☐ A quantidade de brinquedos arrecadados é maior que a quantidade de material escolar e enfeites de casa juntos.

☐ A diferença entre a quantidade de material escolar e acessórios arrecadados na 3ª semana foi de 82.

☐ A menor arrecadação aconteceu na 4ª semana.

☐ A escola arrecadou mais de uma unidade de milhar de prendas.

7. Os 192 alunos do 4º ano de uma escola farão uma excursão acompanhados de 4 professores. Serão alugados 4 ônibus, com capacidade para 50 passageiros cada um. Sabendo que em cada ônibus vai um professor, quantas pessoas haverá em cada ônibus?

_____
_____
_____

8. Carol adora bolo de frutas com calda. Para um encontro de escola com vários colegas, ela levou um bolo de abacaxi, um bolo de laranja e um bolo de maracujá. Carol também levou três opções de calda para os bolos: de chocolate, de morango e de limão.

- Pense em uma estratégia para registrar quantas opções de bolo e calda Carol e os colegas podem experimentar.

_____

9. Observe a imagem abaixo.

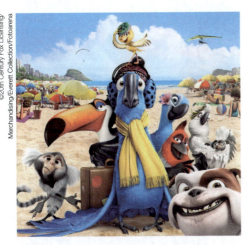

Filme *Rio*, lançado em 2011.

- Elabore duas perguntas envolvendo Matemática que possam ser resolvidas por meio da leitura dessa imagem.

_____
_____
_____
_____

83

Retomada

1. Calcule no caderno utilizando a divisão por estimativa.

a) 495 ÷ 3 = _____   c) 861 ÷ 7 = _____

b) 486 ÷ 9 = _____   d) 288 ÷ 4 = _____

2. Escreva cada número como se lê.

a) 526 874 _____

b) 906 096 _____

c) 81 045 _____

3. Em cada desenho, pinte a parte indicada pela fração.

a) $\dfrac{1}{2}$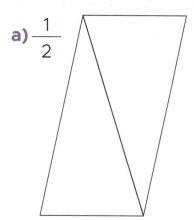

c) $\dfrac{2}{3}$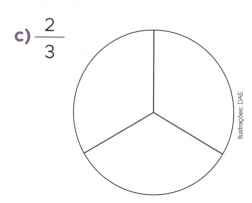

b) $\dfrac{1}{4}$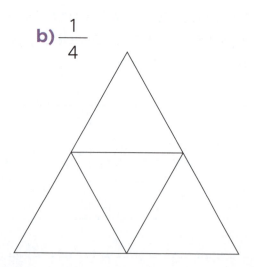

d) $\dfrac{4}{9}$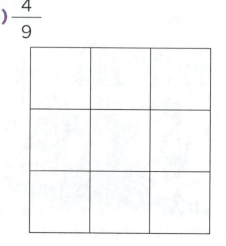

4. Dada a fração $\frac{2}{7}$, use uma régua para dividir a figura abaixo com base na quantidade de partes indicada no denominador, e pinte as partes indicadas pelo numerador.

5. Qual é o perímetro deste campo de futebol?

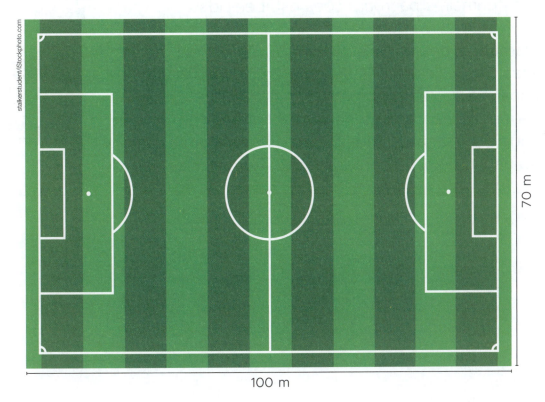

6. Complete as frases com a unidade de medida mais adequada: metro, decímetro, centímetro ou milímetro.

a) O comprimento de uma sala de aula é de 4 _____.

b) A altura de minha mesa é de 75 _____.

c) A espessura de 6 folhas de papel é de 2 _____.

d) O comprimento de meu lápis é de 16 _____.

Periscópio

📖 Para ler

Medindo comprimentos, de Nilson José Machado. Ilustrações de Rogério Borges. São Paulo: Scipione, 2000.
O autor trata do tema mostrando que medir é comparar. Para isso, relaciona diversos padrões e comenta a história das primeiras padronizações estabelecidas.

Monstromática, de Jon Scieszka. Tradução de Iole de Freitas Druck. Ilustrações de Lane Smith. São Paulo: Companhia das Letrinhas, 2004.
Geralmente, as pessoas deixam a Matemática de lado. Só que a personagem desse livro usa a Matemática para tudo na vida: desde contar roupas até organizar jogos.

Fazendo compras

A escola Saber para Crescer promoveu um bazar com livros e brinquedos que recebeu de doação. Havia também no local uma barraca de alimentos. Veja a cena:

1. Imagine que você tem R$ 25,00 e vai fazer uma compra. Só que precisa seguir esta regra: escolher apenas 2 alimentos, 1 livro e 1 brinquedo. Escreva nos quadros a seguir o nome dos itens de sua compra.

Meu carrinho.

Ao final, converse com o professor e os colegas e avalie:
- Você fez uma boa compra?
- Gastou todo o seu dinheiro? Sobrou algum troco?

87

Sistema monetário

1. Leia a seguir um trecho do livro *No mundo do consumo*, de Edson Gabriel Garcia.

[...]

– Quer dizer que a gente não pode comprar alguma coisa só pela marca?

– Claro que não! Tem muitas marcas boas que não têm tanta propaganda.

– É verdade. Às vezes a propaganda é feita boca a boca, um fala para o outro, que fala para o outro...

– Além disso, vocês precisam pesquisar, perguntar e comparar. A melhor coisa a ser feita é procurar produtos bons por preços menores.

– E não se esquecer de que há produtos que duram mais do que outros.

Edson Gabriel Garcia. *No mundo do consumo: a administração das necessidades e dos desejos.* São Paulo: FTD, 2001. p. 38. (Coleção Conversas sobre Cidadania).

- Agora converse com o professor e os colegas sobre as questões a seguir.

   a) Você já comprou ou desejou comprar algo só porque viu a propaganda desse produto?

   b) Você acha que a propaganda influencia as pessoas? Por quê?

Você já passou por uma situação em que o produto que queria comprar era mais caro que outro similar e de marca diferente? Por qual você optou?

2. Leia os textos e pense sobre estas outras situações.

a) Adriana quer uma boneca, e a mãe dela pesquisou o preço em duas lojas. Em uma loja, a boneca custa R$ 115,00; na outra, o preço da mesma boneca é R$ 90,00.

- Qual é a diferença entre os preços da boneca nas duas lojas?

- Adriana pagou R$ 90,00 pela boneca e deu uma nota de 100 reais. Quanto ela recebeu de troco? O que Adriana poderia fazer com o troco que sobrou?

b) Pedro e 5 amigos compraram duas *pizzas*: uma de queijo e outra de calabresa. Cada *pizza* custou R$ 36,00.

- Quanto eles pagaram pelas *pizzas*?

- Sabendo que cada amigo contribuiu com 15 reais, eles receberam troco? Se receberam, de quanto foi o troco?

c) Fernando comprou um jogo por R$ 102,00. Depois de um tempo, ele vendeu esse mesmo jogo por R$ 37,00. Calcule a diferença entre o valor que Fernando pagou e o valor pelo qual ele vendeu o jogo.

Educação financeira

1. Leia a notícia abaixo para saber qual sonho Thiago conseguiu realizar e depois faça o que se pede.

Menino que comprou Fusca juntando moedas realiza sonho de ser palestrante e escritor aos 13 anos

[...]

Em 2014, Thiago Morales Berce, de Assis Chateaubriand, no oeste do Paraná, comprou um Fusca com o próprio dinheiro quando ainda tinha 10 anos. Foram necessários três anos para levantar a quantia necessária, R$ 2,5 mil. Três anos depois, ele está realizando outro sonho: o de ser escritor e palestrante.

O próximo passo será lançar o próprio livro sobre economia.

"É muito bom ajudar as pessoas a entenderem que é possível economizar e realizar os sonhos, assim como eu estou realizando os meus", observa o "menino do Fusca", que hoje tem 13 anos.

As dicas de economia já foram repassadas a milhares de pessoas também pela internet e em breve devem ganhar um alcance ainda maior, com o lançamento de um gibi em que ele é o personagem principal. Veja algumas dicas de Thiago no fim da reportagem.

Na história, escrita com o auxílio de outras três pessoas [...], ele conta como surgiu a ideia de poupar para poder comprar o que planeja.

"A inspiração veio do meu pai, que comprou um Fusca quando tinha 13 anos. Daí para frente foi fazer a minha própria economia, juntando as moedas que ganhava dos meus pais do troco de alguma compra e o que eu ganhava de alguns parentes. Desde criança sempre preferi ganhar dinheiro que presente", lembra ao destacar que nunca recebeu mesada.

[...]

Thiago, aos 10 anos, logo depois de ter comprado o Fusca; foram três anos economizando.

Dicas para economizar

Para ajudar aqueles que querem guardar dinheiro, Thiago criou cinco dicas de economia. Confira:

- pensar em alguma coisa que deseja comprar;
- começar a guardar dinheiro, não importa o valor;
- usar o dinheiro que está guardando somente quando muito necessário;
- nunca emprestar o dinheiro, a não ser que a pessoa devolva o valor corretamente;
- continuar poupando sempre.

Fabiula Wurmeister. Menino que comprou Fusca juntando moedas realiza sonho de ser palestrante e escritor aos 13 anos. *G1* PR, 13 jan. 2017. Disponível em: <https://g1.globo.com/pr/oeste-sudoeste/noticia/menino-que-comprou-fusca-juntando-moedas-realiza-sonho-de-ser-palestrante-e-escritor-aos-13-anos.ghtml>. Acesso em: abr. 2018.

a) Qual foi o primeiro sonho que Thiago conseguiu realizar quando tinha 10 anos? _____

b) Como Thiago conseguiu realizar esse sonho? _____

_____

c) Quanto tempo Thiago levou para juntar a quantia necessária para comprar o que queria? E que quantia foi essa?

_____

d) E você? Tem o sonho de comprar algo? O que tem feito ou poderia fazer para realizar esse sonho?

_____

e) Como você viu, não basta apenas ter um sonho, é necessário planejar como guardar dinheiro para realizá-lo. Releia as dicas de Thiago sobre como economizar e escreva quais delas você já segue e quais precisa começar a colocar em prática para realizar seu sonho.

Já faço	Preciso começar a fazer

Números e operações

Sistema de numeração romano

1. Você já deve ter visto números escritos de jeitos diferentes do que utilizamos com maior frequência. Observe estas imagens e tente descobrir quais são os números representados nelas. Registre suas ideias e, depois, compartilhe-as com os colegas.

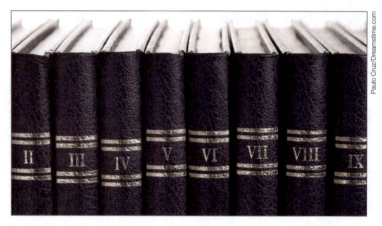

Para chegar ao sistema de numeração decimal utilizado hoje, a Matemática, ao longo da história, recebeu a contribuição de diferentes povos que tentavam solucionar problemas do cotidiano.

Os símbolos nas imagens da página anterior fazem parte do sistema de numeração romano e foram criados em Roma há cerca de 2800 anos.

Esse sistema de numeração é muito usado: para designar séculos e datas; na indicação de capítulos e volumes de livros; para nomear reis e papas; em mostradores de relógios.

Itália

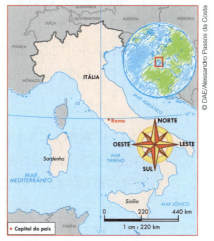

Fonte: *Atlas geográfico escolar*. 7. ed. Rio de Janeiro: IBGE, 2016. p. 43.

2. Vamos pensar sobre como a escrita dos números romanos funciona. Observe o quadro e depois faça o que se pede.

I	1	XVIII	18	XXXV	35	LII	52	LXIX	69	LXXXVI	86
II	2	XIX	19	XXXVI	36	LIII	53	LXX	70	LXXXVII	87
III	3	XX	20	XXXVII	37	LIV	54	LXXI	71	LXXXVIII	88
IV	4	XXI	21	XXXVIII	38	LV	55	LXXII	72	LXXXIX	89
V	5	XXII	22	XXXIX	39	LVI	56	LXXIII	73	XC	90
VI	6	XXIII	23	XL	40	LVII	57	LXXIV	74	XCI	91
VII	7	XXIV	24	XLI	41	LVIII	58	LXXV	75	XCII	92
VIII	8	XXV	25	XLII	42	LIX	59	LXXVI	76	XCIII	93
IX	9	XXVI	26	XLIII	43	LX	60	LXXVII	77	XCIV	94
X	10	XXVII	27	XLIV	44	LXI	61	LXXVIII	78	XCV	95
XI	11	XXVIII	28	XLV	45	LXII	62	LXXIX	79	XCVI	96
XII	12	XXIX	29	XLVI	46	LXIII	63	LXXX	80	XCVII	97
XIII	13	XXX	30	XLVII	47	LXIV	64	LXXXI	81	XCVIII	98
XIV	14	XXXI	31	XLVIII	48	LXV	65	LXXXII	82	XCIX	99
XV	15	XXXII	32	XLIX	49	LXVI	66	LXXXIII	83	C	100
XVI	16	XXXIII	33	L	50	LXVII	67	LXXXIV	84	D	500
XVII	17	XXXIV	34	LI	51	LXVIII	68	LXXXV	85	M	1000

93

a) Complete o quadro ao lado com as sete letras utilizadas para a escrita dos números no sistema de numeração romano e o valor de cada uma delas.

b) Essas letras são maiúsculas ou minúsculas?

_____

c) No quadro da página anterior, que regularidade podemos observar do número 1 ao 3?

Letra	Valor

_____

_____

d) Que regra há nesse sistema de numeração para a escrita dos números 4 (IV) e 5 (V)? E para 9 (IX) e 10 (X)? Escreva mais dois exemplos em que essa regra apareça.

_____

_____

_____

e) Quantas vezes, no máximo, podemos repetir seguidamente uma letra em um número?

_____

f) As letras V, L e D não podem ser escritas mais de uma vez seguida. Quais letras representam esses valores duplicados?

_____

g) No quadro da página anterior, pinte de cores diferentes as "famílias" dos números. Por exemplo, você pode pintar de azul a família do 30 (30 até 39).

h) Desafio! Como você escreveria 114, 430, 561 e 1538 em números romanos?

_____

Trabalho com igualdades

1. Miguel tinha 15 reais e ganhou 25 reais em seu aniversário. Com quantos reais ele ficou?

   • Os alunos de uma sala de aula apresentaram as duas soluções abaixo para resolver esse problema.

   $$15 + 25 = 40 \qquad 40 = 25 + 15$$

   Por que as duas respostas são válidas?

   _____

   _____

2. Observe esta conta:

   $$40 + 10 = 30 + 20$$
   $$50 = 50$$

   a) Se somarmos a mesma quantidade dos dois lados da igualdade, o que acontecerá? Converse com os colegas e o professor.

   b) Depois da conversa, veja se as sentenças abaixo são verdadeiras e justifique.
      • $40 + 10 + 20 = 30 + 20 + 20$
      • $40 + 10 + 20 - 5 = 40 + 10 + 15$
      • $40 + 10 + 10 = 40 + 10 + 40 - 30$

   _____

   c) Observe novamente a conta apresentada no início desta atividade. Qual símbolo matemático mostra que os cálculos representam a mesma quantidade: =, ≠, < ou >?

   _____

Usamos o sinal = para representar a ideia de igualdade ou equivalência. Dessa maneira, quando usamos esse sinal em uma operação, precisamos que o resultado seja o mesmo dos dois lados da igualdade. Por exemplo:

20 + 20 = 4 × 10
10 + 20 = 50 − 20
40 × 2 = 160 ÷ 2

Outra forma de representar é:

1004 = 864 + 140   e   864 + 140 = 1004
864 = 1004 − 140   e   1004 − 140 = 864

3. Observe esta conta e, tomando-a como exemplo, encontre quatro pares de cálculos de adição e subtração que tenham o mesmo resultado.

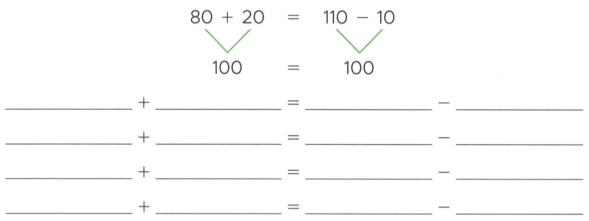

_____ + _____ = _____ − _____

_____ + _____ = _____ − _____

_____ + _____ = _____ − _____

_____ + _____ = _____ − _____

4. Como você pode explicar as afirmações a seguir? Converse com o professor e os colegas.

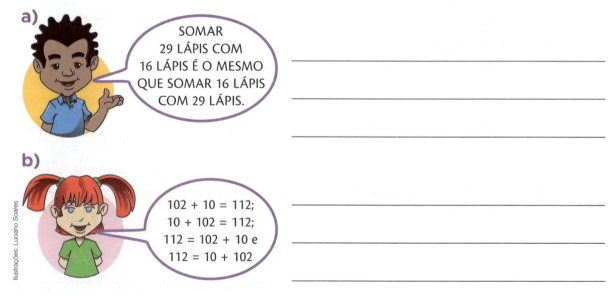

🔹 Fração: metade, um quarto e um quinto

Na Unidade 3, você estudou como identificar a metade, ou seja, dividir um inteiro em duas partes iguais, e a representá-la na forma de fração: $\frac{1}{2}$.

Observe outras situações em que podemos encontrar a metade. Qual é o inteiro em cada uma delas?

As imagens não estão representadas em proporção.

1. Observe novamente as imagens acima e contorne metade de cada uma.

2. Agora complete:

   a) A metade da quantidade de crianças que aparece no grupo da imagem é igual a _____ crianças.

   b) A metade de 8 pedaços de torta é igual a _____ pedaços.

   c) A metade de uma laranja é _____ laranja.

   d) A metade da folha de papel é _____ folha de papel.

3. Utilize a régua para desenhar segmentos de reta. Depois, com lápis de cor azul, indique a metade de cada segmento.

a) Segmento de reta de 12 cm:

b) Segmento de reta de 4 cm:

c) Segmento de reta de 8 cm:

d) Segmento de reta de 16 cm:

E se quisermos dividir o segmento de reta em quatro partes iguais, ou seja, achar a metade da metade?

Em Matemática, quando dividimos uma quantidade por 4 ou em quatro partes iguais e pegamos uma dessas partes, temos **um quarto**, representado por $\dfrac{1}{4}$.

4. Volte para os segmentos de reta do exercício anterior e marque com lápis vermelho a medida que representa um quarto $\left(\dfrac{1}{4}\right)$ do segmento de reta. Em seguida, complete as frases.

a) Metade $\left(\dfrac{1}{2}\right)$ de 12 cm é igual a _____ cm, e um quarto $\left(\dfrac{1}{4}\right)$ de 12 cm é igual a _____ cm.

b) Metade $\left(\dfrac{1}{2}\right)$ de 4 cm é igual a _____ cm, e um quarto $\left(\dfrac{1}{4}\right)$ de 4 cm é igual a _____ cm.

c) Metade $\left(\dfrac{1}{2}\right)$ de 8 cm é igual a _____ cm, e um quarto $\left(\dfrac{1}{4}\right)$ de 8 cm é igual a _____ cm.

5. Veja a seguir uma linha com 15 cm de comprimento. Como você imagina que se faz para encontrar um quinto dela? Com a ajuda do professor, pegue um barbante e, usando a régua, meça e corte um pedaço de 15 cm. Converse com os colegas e o professor a respeito de como encontrar essa medida. Faça um registro no espaço abaixo contando a que conclusão vocês chegaram.

_____

_____

_____

_____

Quando dividimos um inteiro em cinco partes iguais, cada uma dessas partes é chamada **um quinto** e pode ser representada pela fração $\frac{1}{5}$.

Nesse número, o 5 (denominador) representa em quantas partes o inteiro foi dividido, e o 1 (numerador) mostra quantas partes são tomadas para fazer um quinto.

Para encontrar $\frac{1}{5}$ da medida do barbante de 15 cm de comprimento, é preciso dividi-lo em 5 partes iguais, cada parte com 3 centímetros. Então, $\frac{1}{5}$ do barbante é igual a _____ cm.

Luciano Soares

6. Para encontrar um terço de um comprimento, será que temos de fazer a mesma coisa? Pegue novamente seu barbante e faça o experimento com um colega. Como o barbante deve ser dividido para encontrar um terço? Registre abaixo suas observações.

_____

_____

_____

_____

> Quando dividimos um inteiro em três partes iguais, cada parte é chamada de **um terço** e pode ser representada pela fração $\frac{1}{3}$.
>
> Nesse número, o 3 (denominador) representa em quantas partes o inteiro foi dividido, e o 1 (numerador) mostra quantas partes são tomadas para fazer um terço.

- Assim, para encontrar $\frac{1}{3}$ da medida do barbante de 15 cm de comprimento, é preciso dividi-lo em 3 partes iguais, cada uma com 5 centímetros. Então, $\frac{1}{3}$ do barbante é igual a _____ cm.

7. Calcule:

a) $\frac{1}{5}$ de 10 cm _____

b) $\frac{1}{2}$ de 10 cm _____

c) $\frac{1}{3}$ de 12 cm _____

d) $\frac{1}{4}$ de 12 cm _____

e) $\frac{1}{4}$ de 12 crianças _____

f) $\frac{1}{2}$ de 12 maçãs _____

g) $\frac{1}{5}$ de 30 lápis _____

h) $\frac{1}{3}$ de 30 lápis _____

Agora explique como você pensou para resolver.

_____

_____

_____

8. Compare usando os símbolos > e <.

a) $\frac{1}{4}$ _____ $\frac{1}{2}$

b) $\frac{1}{2}$ _____ $\frac{1}{5}$

c) $\frac{1}{5}$ _____ $\frac{1}{4}$

d) $\frac{1}{3}$ _____ $\frac{1}{5}$

e) $\frac{1}{4}$ _____ $\frac{1}{3}$

f) $\frac{1}{2}$ _____ $\frac{1}{3}$

Calculando adição e subtração

Participantes:

2 a 4 alunos.

Material:

- cartas da página 239, do **Material complementar**;
- quadro de pontos com os intervalos de resultados.

Como jogar

1. Um aluno sorteia duas cartas e escolhe uma operação (adição ou subtração) para efetuar com os números sorteados.

2. Depois de calcular mentalmente, o jogador escolhe em qual coluna estará o resultado do cálculo feito. Esse cálculo deve ser conferido na calculadora.

3. Para cada cálculo correto, o jogador ganha 10 pontos e marca no quadro de pontos abaixo o intervalo relacionado ao resultado. Exemplo: Se o resultado do cálculo foi 3 620, o jogador deve marcar 10 pontos na coluna "Resultado maior que 3 000".

4. O jogador que acertar o cálculo tem direito a mais uma jogada. O jogador que errar o cálculo não marca pontos e passa a vez.

5. Ganha quem tiver mais pontos somados ao final de três rodadas.

Quadro de pontos

	Resultado menor que 500	Resultado entre 500 e 1000	Resultado entre 1001 e 2000	Resultado entre 2001 e 3000	Resultado maior que 3000
1ª rodada					
2ª rodada					
3ª rodada					

Agora pense sobre o jogo

1. Observe a pontuação de um aluno que participou desse jogo. Consulte as cartas do jogo e escreva dentro do quadro qual conta pode ter sido feita para marcar essa pontuação.

Resultado menor que 500	Resultado entre 500 e 1000	Resultado entre 1001 e 2000	Resultado entre 2001 e 3000	Resultado maior que 3000
Cálculo:	Cálculo:	Cálculo:		
10 pontos	10 pontos	10 pontos		

2. Cristina também participou do jogo **Calculando adição e subtração** com as cartas **1999** e **440**. Ela decidiu fazer uma adição e utilizou a estratégia a seguir.

1999   440

VOU ADICIONAR 1 UNIDADE AO NÚMERO 1999 E DEPOIS, AO FINAL DA CONTA, EU TIRO 1 UNIDADE. ENTÃO:
1999 + 1 = 2 000
2 000 + 440 = 2 440
2 440 − 1 = 2 439.

- Cristina pensou de maneira correta? Você acha que ela utilizou uma boa estratégia? Explique.

_____

_____

3. Em cada item aparece uma das cartas sorteadas. Anote qual poderia ser a outra carta para que o resultado fique correto.

a) 620 − _____ = 610

b) _____ + 3000 = 3148

c) 999 + _____ = 1199

Subtração

1. Veja quais são os termos numa subtração.

```
  3 6  ⟶ minuendo
- 1 2  ⟶ subtraendo
  ─────
  2 4  ⟶ resto ou diferença
```

• Descubra o número que falta em cada cálculo a seguir.

Minuendo	Subtraendo	Resto ou diferença
1999	450	
	620	380
	148	302
99		89

2. Agora utilize a calculadora para descobrir os números e completar as sentenças.

a) Se o minuendo é 9 636 e o subtraendo 398, o resto (ou diferença) é _____.

b) Se o resto é 2 061 e o subtraendo 578, o minuendo é _____.

c) Se o minuendo é 5 039 e o subtraendo é 248, o resto (ou diferença) é _____.

3. Invente duas situações em que apareçam os termos **minuendo**, **subtraendo** e **resto ou diferença**, como no exercício anterior, e peça a um colega que as resolva utilizando a calculadora.

_____
_____
_____
_____

103

Cálculo mental

1. Descubra a regra para completar cada sequência.

a) 1575 • 1585 • _____ • _____ • _____ • _____

• _____ • _____ • _____ • _____ • _____

b) 3052 • 3252 • _____ • _____ • _____ • _____

• _____ • _____ • _____ • _____ • _____

c) 780 • 680 • _____ • _____ • _____ • _____

• _____ • _____

2. Resolva mentalmente.

a) 569 + 220 = _____

d) 400 − 29 = _____

b) 59 + 100 + 69 + 29 = _____

e) 889 − 19 = _____

c) 5100 − 90 = _____

f) 7 039 − 50 = _____

3. Qual é a metade de:

a) 20 centímetros de barbante? _____

b) 600 ingressos? _____

c) 1200 latas? _____

d) 100 figurinhas? _____

e) 800 reais? _____

4. Qual é a metade da metade, ou seja, $\dfrac{1}{4}$ de:

a) 100 figurinhas? _____

b) 800 reais? _____

Fazendo combinações

1. Renato vai a uma festa e precisa escolher a camisa e o calçado que usará. A calça ele já decidiu. Ele tem um tênis azul e um tênis vermelho, uma camisa preta, uma camisa polo azul e uma camisa polo rosa.

a) Que combinações Renato pode fazer? Socialize com os colegas como você descobriu a resposta.

_____
_____
_____

b) Todos os alunos de sua turma resolveram da mesma maneira?

_____

Veja como os alunos de uma turma resolveram o problema a seguir:

- Clara quer escolher um laço para usar hoje na escola. Ela tem laços de cetim e de algodão, nas cores rosa, azul, preta e branca. Quantos laços Clara tem ao todo?

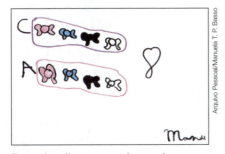
Resolução com desenho dos laços.

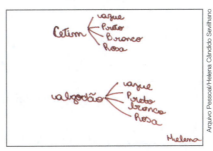
Resolução com árvore.

Resolução com multiplicação.

Observe que cada aluno usou um caminho na resolução, mas os três concluíram que Clara tem 8 laços diferentes.

105

2. Use o que discutimos até o momento para selecionar a estratégia que preferir a fim de resolver o próximo problema.

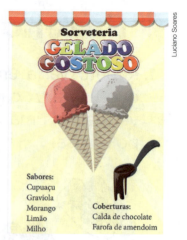

- Na sorveteria do bairro onde Miguel mora, há 5 sabores de sorvete e 2 tipos de cobertura.

a) Quantas combinações Miguel pode formar escolhendo um sabor de sorvete com uma cobertura?

_____

b) E se ele escolher dois sabores de sorvete com uma cobertura? Reúna-se com um colega para discutirem a resolução.

_____

3. Como adora cuidar de plantas, Tiago organizou um espaço em sua casa apenas para isso. Ele tem 4 plantas diferentes: cacto, palmeira, roseira e samambaia, e também vasos de plástico e vasos de argila para plantar. Complete a tabela abaixo com todas as combinações possíveis para ele plantar.

Plantas e vasos de Tiago

Tipo de vaso \ Tipo de planta	cacto	palmeira	roseira	samambaia
plástico				
argila				

Fonte: Combinações feitas com base nas plantas e vasos que Tiago tem.

- Tiago terá _____ possibilidades de combinação.
- Como a tabela o ajuda a resolver problemas desse tipo?

_____

_____

Figuras geométricas espaciais: pirâmides

1. Veja esta obra do artista Alexander Calder:

Alexander Calder, *Tank Trap*, 1975. Litografia colorida em papel, 74,3 cm × 109,2 cm.

a) Observe na imagem que há diferentes representações da pirâmide. O que você achou disso?

_____

b) Junte-se a um colega e, usando a malha pontilhada ao lado, desenhem uma pirâmide.

2. Recorte das páginas 241 e 243, do **Material complementar**, as planificações das pirâmides de bases triangular, pentagonal e hexagonal. Corte-as com muito cuidado, mas não as cole.

a) Identifique a base da pirâmide de cada uma das planificações e pinte-a de azul.

b) Identifique as faces que não são base e pinte-as de amarelo.

c) Todas as faces da pirâmide que não são base têm sempre formato _____.

107

3. Junte-se a um colega e ajude-o a unir as faces da pirâmide dele. Ele também o ajudará com a sua. Colem com fita adesiva para obter a figura geométrica espacial.

- Observando as pirâmides já montadas, completem o quadro a seguir. Lembrem que a base também é uma face.

Nome da pirâmide	Figura plana da base	Total de faces

4. Complete.

a) Se a figura plana da base tem 3 lados (um triângulo), então a pirâmide tem _____ faces.

b) Se a figura plana da base tem 5 lados (pentágono), então a pirâmide tem _____ faces.

c) Se a figura plana da base tem 6 lados (hexágono), então a pirâmide tem _____ faces.

- O que você conclui com base nessas observações? Converse com o professor e os colegas e registre o que vocês concluíram.

_____

_____

5. Vamos construir a estrutura de uma pirâmide!
Escolha uma das pirâmides que você montou com o material complementar e, com a ajuda do professor, use varetas sem ponta e massa de modelar para representar a estrutura dessa pirâmide.
Dica: a estrutura de uma pirâmide é formada somente por vértices e arestas.

a) Qual pirâmide você escolheu?

b) Agora complete:

- A pirâmide que eu montei tem _____ vértices e _____ arestas.

6. Represente sua pirâmide na malha pontilhada abaixo.

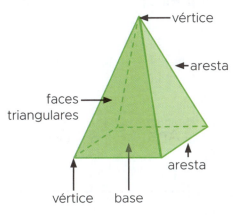

- A pirâmide é uma figura geométrica espacial.
- Ela tem uma base.
- A base é uma de suas faces.
- A figura plana da base define o nome da pirâmide.
- As outras faces da pirâmide são sempre triangulares.
- O encontro de duas faces recebe o nome de **aresta**.
- O encontro de duas arestas recebe o nome de **vértice**.

7. Complete o quadro a seguir.

Pirâmide	Figura plana da base	Número de faces	Número de vértices	Número de arestas

109

Coleção de problemas

1. (Obmep) Ana deve a Beto 1 real, Carlos deve a Ana 1 real, Dora deve a Beto 2 reais, Beto deve a Emília 3 reais, Carlos deve a Emília 2 reais, Emília deve a Dora 1 real, Carlos deve a Beto 2 reais, Dora deve a Carlos 1 real e Ana deve a Dora 3 reais. Cada um deles recebeu de seus pais 10 reais para pagar suas dívidas. Depois que forem efetuados todos os pagamentos, quem vai ficar com mais dinheiro?

☐ Ana.　　☐ Beto.　　☐ Carlos.　　☐ Dora.　　☐ Emília.

2. (Obmep) Artur deu duas notas de cem reais para pagar uma conta de R$ 126,80. Qual é o valor do troco que ele vai receber? Registre como você pensou e depois assinale a alternativa correta.

☐ R$ 71,20　　　　☐ R$ 72,20　　　　☐ R$ 73,20

☐ R$ 71,80　　　　☐ R$ 72,80

3. Em um espetáculo musical, compareceram 542 pessoas. Desse total, 125 eram de outro estado. Quantas pessoas eram do estado em que o espetáculo foi realizado?

4. Crie duas perguntas para o texto a seguir.

• Para uma atividade no pátio da escola, há 42 crianças. Desse total, 20 crianças são do 2º ano e 6 são do 3º ano.

_____

_____

_____

_____

5. Algumas crianças estavam brincando no parquinho de um bairro. Veja:

Luciano Soares

• Depois de um tempo, chegaram mais 13 crianças. Quantas crianças ficarão no parque se nenhuma das que já estavam for embora?

6. Elabore uma situação-problema para ser resolvida com o número 135 no minuendo e o número 64 no subtraendo.

Retomada

1. Veja o número de alguns capítulos de livros e escreva-os conforme nosso sistema de numeração decimal.

a) Capítulo X ⟶ _____

b) Capítulo XII ⟶ _____

c) Capítulo XX ⟶ _____

d) Capítulo IV ⟶ _____

e) Capítulo III ⟶ _____

f) Capítulo VI ⟶ _____

g) Capítulo VII ⟶ _____

h) Capítulo XVIII ⟶ _____

2. Utilizando o algoritmo convencional, calcule no caderno e registre abaixo o resultado.

a) 596 + 179 = _____

b) 189 + 669 = _____

c) 809 + 345 = _____

d) 128 + 754 = _____

e) 259 − 37 = _____

f) 907 − 129 = _____

g) 803 − 16 = _____

h) 500 − 149 = _____

3. Calcule:

a) quanto é preciso adicionar a 620 para obter 700? _____

b) quanto é preciso adicionar a 1200 para obter 2000? _____

c) quanto é preciso adicionar a 100 para obter 800? _____

d) quanto é preciso subtrair de 5000 para obter 4800? _____

e) quanto é preciso subtrair de 3500 para obter 3401? _____

f) quanto é preciso subtrair de 1000 para obter 930? _____

g) quanto é preciso subtrair de 2000 para obter 1970? _____

h) quanto é preciso subtrair de 4500 para obter 4200? _____

4. Complete os pares de contas de adição e subtração para que as igualdades fiquem corretas.

a) 1000 + 1000 = 4000 – _____

b) 300 + 300 = _____ – _____

c) 3000 + 3000 = _____ – _____

5. Calcule a metade de:

a) 8000 ⟶ _____

b) 10000 ⟶ _____

c) 500 ⟶ _____

d) 10 ⟶ _____

e) 30 ⟶ _____

f) 70 ⟶ _____

6. Observe as imagens e, depois, complete.

a) $\frac{1}{2}$ de 12 bolinhas são ____ bolinhas

b) $\frac{1}{3}$ de 12 bolinhas são ____ bolinhas

c) $\frac{1}{4}$ de 12 bolinhas são ____ bolinhas

d) $\frac{1}{2}$ de 24 bolinhas são ____ bolinhas

e) $\frac{1}{3}$ de 24 bolinhas são ____ bolinhas

f) $\frac{1}{4}$ de 24 bolinhas são ____ bolinhas

g) $\frac{1}{2}$ de 48 bolinhas são ____ bolinhas

h) $\frac{1}{3}$ de 48 bolinhas são ____ bolinhas

i) $\frac{1}{4}$ de 48 bolinhas são ____ bolinhas

Periscópio

📖 Para ler

A filha do Rei, de Telma Guimarães Castro Andrade. São Paulo: SM, 2005.
Raquel vive em uma comunidade. Não sabe quem é o pai, e a mãe diz que ele é um rei que a ajuda de longe. Mas por que passam por tantas dificuldades financeiras? As reflexões de Raquel vão além das questões materiais.

As panquecas de Mama Panya, de Mary e Rich Chamberlin. São Paulo: SM, 2005.
Mama Panya vive no Quênia, África Oriental. Um dia, resolve fazer panquecas. O filho, Adika, convida para o jantar uma porção de amigos. Mama Panya tem poucas moedas. Será que vai ter panqueca para toda essa turma?

A menina, o cofrinho e a vovó, de Cora Coralina. São Paulo: Global, 2009.
Uma menina deu um presente à avó, que ficou muito feliz e retribuiu com outro. Leia essa história e descubra o que fez a avó e a neta ficarem tão sensibilizadas.

No mundo do consumo: O bom uso do dinheiro, de Edson Gabriel Garcia. São Paulo: FTD, 2001. (Coleção Conversas sobre Cidadania).
O pai de Paulo César perdeu o emprego. Os amigos da escola resolvem ajudar. Como vão fazer isso de modo realmente útil? Antes, precisam descobrir a diferença entre um desejo de consumo e uma verdadeira necessidade.

UNIDADE 5 — Quantas possibilidades?

1. Para a apresentação do coral da escola, a professora de música quer que os alunos combinem calça e bermuda nas cores **azul**, **verde** e **vermelha**.

   • Quantas combinações diferentes podem ser feitas? Ajude a professora a calcular pintando as roupas.

Ilustrações: Luciano Soares

Podem ser feitas _____ combinações diferentes.

115

Medidas de massa: o quilograma e o grama

1. Como você equilibraria esta balança? Converse com o professor e os colegas e registre o que vocês pensaram.

   _____

   _____

A balança é um dos instrumentos mais antigos usados para medir a massa de objetos. A balança que aparece nessa atividade é conhecida como "balança mecânica" ou "balança de dois pratos". Isso porque ela tem, dos dois lados, pratos que ficam parados na mesma posição, em equilíbrio, quando ambos contêm massas iguais.

2. Agora é com você!

   a) Escolha alguns produtos mostrados a seguir. Faça uma lista com os itens que você vai pôr em cada prato da balança de modo que ela continue em equilíbrio. Dica: você pode escolher mais de uma vez o mesmo produto para colocar de um lado da balança.

Prato 1 da balança	Prato 2 da balança

116

b) Complete as frases a seguir com algumas combinações possíveis para equilibrar a balança.

_____ e _____

_____ e _____

_____ e _____

_____ e _____

> Quando pesamos um objeto, estamos medindo sua massa.
> Um quilograma tem mil gramas ⟶ 1 kg = 1000 g.
> Usamos o **grama** (**g**) como unidade de medida para medir a massa de objetos leves como um lápis, uma moeda ou um clipe, por exemplo.
> Usamos o **quilograma** (**kg**) como unidade de medida para medir a massa de objetos mais pesados, como uma mesa ou um saco de arroz, por exemplo, e até para verificar qual é a massa de nosso corpo.

3. Em cada item, indique se a medida da esquerda é maior, menor ou igual à medida da direita. Use os símbolos matemáticos que você já conhece.

a) 1 kg _____ 1000 g

b) 250 g _____ 2 kg

c) 500 g _____ 1 kg

d) 500 g _____ 250 g

e) 3 kg _____ 3000 g

f) 50 g _____ 50 kg

4. Sabendo-se que um lápis tem massa de 20 g, estime a massa do saco com lápis da imagem.

_____

Medidas e frações

A imagem ao lado mostra alguns produtos vendidos **a granel**. Significa que o comprador escolhe a quantidade que deseja levar, pede para pesar e vê quanto deve pagar pelo produto. Antigamente, comprar mercadorias desse jeito era muito comum. Hoje ainda se compra assim em muitas regiões do Brasil.

Venda de grãos e cereais a granel.

1. Pense sobre as situações a seguir e faça o que se pede.

   a) Marta comprou 1 kg de feijão a granel na feira, ou seja, ela comprou _____ gramas de feijão.

   b) Se Marta tivesse comprado metade $\left(\dfrac{1}{2}\right)$ da quantidade de feijão, ela teria comprado _____ gramas.

   c) E se ela tivesse comprado metade da metade dessa quantidade, ou seja, um quarto $\left(\dfrac{1}{4}\right)$ de 1 kg, quantos gramas ela teria comprado?

2. Se você tivesse de comprar:

   a) 2 kg de arroz, você compraria _____ gramas de arroz.

   b) $\dfrac{1}{2}$ kg de arroz, você compraria _____ gramas de arroz.

   c) $\dfrac{1}{4}$ de kg de arroz, você compraria _____ gramas de arroz.

3. Considere um pacote de farinha de 1 kg. Com um desenho, represente em quantas partes você deve dividir a quantidade desse pacote para obter as frações indicadas.

a) $\dfrac{1}{1}$ kg ou 1000 g de farinha

b) $\dfrac{1}{2}$ kg ou 500 g de farinha

c) $\dfrac{1}{4}$ de kg ou 250 g de farinha

4. Quantas metades, terços, quartos e quintos eu preciso para formar um inteiro? Represente por meio de desenho.

a) metades

c) quartos

b) terços

d) quintos

5. Complete o quadro.

Massa	1 inteiro	$\frac{1}{2}$	$\frac{1}{4}$
20 g			
100 g			
200 g			

🦪 Tabuada

Para resolver com maior agilidade uma multiplicação ou divisão, é importante conhecer as tabuadas. Veja algumas estratégias que o ajudarão a se lembrar delas mais rapidamente.

1. Complete as tabuadas do 2 e do 4 e depois compare-as.

Tabuada do 2				
2	×	1	=	2
2	×		=	4
2	×	3	=	
2	×	4	=	8
	×	5	=	10
	×		=	12
2	×	7	=	14
2	×		=	16
2	×	9	=	18
2	×	10	=	

Tabuada do 4				
4	×	1	=	
4	×		=	8
4	×	3	=	12
4	×		=	16
4	×	5	=	20
4	×	6	=	24
	×	7	=	28
4	×	8	=	
4	×		=	36
4	×	10	=	40

2. Um aluno do 4º ano disse que os resultados da tabuada do 4 são o dobro dos da tabuada do 2. Você concorda? Justifique sua resposta com dois exemplos.

_____

_____

3. Complete as tabuadas.

| 3 × 3 = _____ | 3 × 5 = _____ |
| 3 × 4 = _____ | 3 × 6 = _____ |

| 6 × 3 = _____ | 6 × 5 = _____ |
| 6 × 4 = _____ | 6 × 6 = _____ |

• Como a tabuada do 3 pode ajudar a obter os resultados da tabuada do 6? Dê dois exemplos.

_____

_____

4. Escreva os produtos das tabuadas do 3 e do 9.

3 × 1 = _____	3 × 6 = _____
3 × 2 = _____	3 × 7 = _____
3 × 3 = _____	3 × 8 = _____
3 × 4 = _____	3 × 9 = _____
3 × 5 = _____	3 × 10 = _____

9 × 1 = _____	9 × 6 = _____
9 × 2 = _____	9 × 7 = _____
9 × 3 = _____	9 × 8 = _____
9 × 4 = _____	9 × 9 = _____
9 × 5 = _____	9 × 10 = _____

• Agora observe e registre como a tabuada do 3 pode ajudar a encontrar os resultados da tabuada do 9.

_____

_____

5. Marque com um **X** as frases que apresentam informações corretas sobre as tabuadas. Depois, troque ideias com os colegas sobre as informações que estão incorretas.

☐ O resultado de 2 × 2 é a metade do resultado de 4 × 2.

☐ O resultado de 3 × 3 é metade do resultado de 3 × 9.

☐ O resultado de 6 × 2 é o mesmo que o de 4 × 3.

☐ O resultado de 9 × 2 é o dobro de 6 × 4.

☐ O resultado de 4 × 10 é o mesmo que o de 5 × 8.

Cálculo mental

1. Calcule:

a) 8 × 15 = _____

b) 7 × 32 = _____

c) 4 × 12 = _____

d) 5 × 42 = _____

e) 8 × 33 = _____

f) 9 × 75 = _____

2. Encontre os resultados das tabuadas utilizando as estratégias de dobro ou triplo, quando necessário.

a) 7 × 4 = _____

b) 2 × 6 = _____

c) 3 × 8 = _____

d) 9 × 9 = _____

e) 6 × 9 = _____

f) 5 × 4 = _____

g) 6 × 4 = _____

h) 2 × 0 = _____

i) 6 × 6 = _____

j) 6 × 3 = _____

Diferentes significados da multiplicação

1. Resolva individualmente cada problema e depois discuta com um colega as estratégias que você usou.

    a) Quantos quadrinhos há em um retângulo com 53 colunas e 34 linhas?

    b) Quantas cadeiras há em um teatro com 38 fileiras com 25 cadeiras em cada uma?

    c) Mônica faz sabonetes artesanais e recebeu uma encomenda para produzir 81 unidades. Ela quer dispor esses sabonetes em uma caixa retangular, de modo que cada fileira da caixa fique com a mesma quantidade de sabonetes. Quantas unidades do produto Mônica deve colocar em cada fileira para deixá-las com quantidades iguais?

    d) Quantos sanduíches diferentes posso fazer com 3 tipos de pães e 2 tipos de queijo?

123

e) José tem 9 figurinhas e Antônio tem 3 vezes a quantidade de figurinhas de José. Quantas figurinhas Antônio tem?

f) De quantas maneiras diferentes posso me vestir com 3 calças e 4 camisetas de cores diferentes?

g) Se em uma fábrica são produzidas 430 embalagens por dia, calcule quantas embalagens são produzidas em 2, 4, 6, 8 e 10 dias.

h) Em 8 cartelas há 80 adesivos. Quantos adesivos há em cada cartela?

2. Com o professor e os colegas, analise os problemas que você resolveu e responda: Quais são parecidos? Por quê? Registre suas conclusões.

Multiplicação por dezenas e centenas exatas

1. Com o auxílio da calculadora, resolva as multiplicações a seguir.

a) $2 \times 3 =$ _____

$2 \times 30 =$ _____

$2 \times 300 =$ _____

b) $5 \times 5 =$ _____

$5 \times 50 =$ _____

$5 \times 500 =$ _____

• O que você observou no resultado das multiplicações do item **a**? Explique.

_____

_____

• O que você observou no resultado das multiplicações do item **b**? Explique.

_____

_____

2. Use a calculadora e efetue:

a) $6\,125 \times 3 =$ _____

$6\,125 \times 30 =$ _____

$6\,125 \times 300 =$ _____

b) $896 \times 8 =$ _____

$896 \times 80 =$ _____

$896 \times 800 =$ _____

c) $19\,541 \times 7 =$ _____

$19\,541 \times 70 =$ _____

$19\,541 \times 700 =$ _____

d) $7\,612 \times 4 =$ _____

$7\,612 \times 40 =$ _____

$7\,612 \times 400 =$ _____

• O que você observou nos resultados das multiplicações de cada item? Aconteceu o mesmo que você registrou na atividade anterior? E se os números fossem multiplicados por 1000, o que aconteceria aos resultados? Registre sua observação.

_____

125

◈ Algoritmo convencional da multiplicação

1. Resolva as multiplicações utilizando o algoritmo convencional (conta armada).

a) 345 × 4 = _____

c) 756 × 6 = _____

b) 1627 × 5 = _____

d) 5547 × 8 = _____

2. Complete as multiplicações a seguir com os números que estão faltando, de modo que o resultado fique correto.

a)

```
    6  2  6  4
×             8
─────────────────
       1  1  2
```

b)

```
    8  2  4  8
×             9
─────────────────
    7  4        2
```

3. Resolva, no caderno, as multiplicações seguir de duas maneiras: por meio do algoritmo convencional (conta armada) e da decomposição.

a) 6144 × 8 = _____

b) 5004 × 2 = _____

c) 1245 × 5 = _____

126

Jogo

Pense rápido

Participantes:

3 alunos.

Material:

- cartas da página 245 do **Material complementar**.

Como jogar

1. Para iniciar o jogo, é necessário escolher um aluno para ser o juiz e outros dois para serem os jogadores.
2. Um jogador senta de frente para o outro, enquanto o juiz fica em uma posição na qual consiga enxergar bem os dois jogadores.

127

3. O juiz embaralha as cartas e entrega metade para cada jogador; os dois colocam o monte à sua frente, virado para baixo.

4. Quando o juiz der o sinal, os dois jogadores viram ao mesmo tempo a carta que está em cima do monte e mostram apenas para o juiz. Só o próprio jogador e o juiz veem o número da carta. O outro jogador não poderá saber qual é a carta que o colega tirou.

5. Nesse momento, o juiz, que saberá o número das duas cartas, efetua a multiplicação dos dois números e diz o produto. Exemplo: Se um jogador mostrou a carta 3 e o outro mostrou a carta 7, o juiz fala "21".

6. O jogador que disser primeiro os dois fatores multiplicados para dar o resultado 21 fica com as duas cartas.

7. Ganha quem juntar o maior número de cartas.

• Sugestão: Pode-se mudar o juiz a cada duas rodadas.

Agora pense sobre o jogo

1. As cartas que estão à direita do sinal de igual representam os fatores de algumas multiplicações. Faça como no jogo **pense rápido** e complete-as com os fatores que tornam a igualdade verdadeira.

a) 30 = ⬜ × ⬜

c) 21 = ⬜ × ⬜

b) 45 = ⬜ × ⬜

d) 72 = ⬜ × ⬜

2. Numa partida de **pense rápido**, o juiz disse o produto 81. Um dos jogadores respondeu rapidamente "9 × 7". Ele acertou?

Explique. _____

3. Registre o produto:

a) 5 × 5 = _____

c) 7 × 7 = _____

e) 9 × 9 = _____

b) 6 × 6 = _____

d) 8 × 8 = _____

f) 10 × 10 = _____

Leitura e interpretação de gráficos

1. Observe os gráficos abaixo e discuta com um colega a respeito de todas as informações que estão neles.

Frutas preferidas

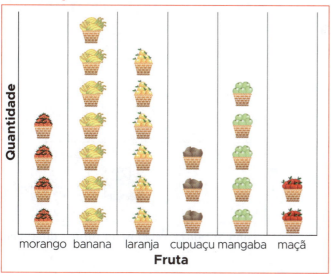

Fonte: Dados obtidos com base nas preferências das crianças pesquisadas.

Frutas preferidas

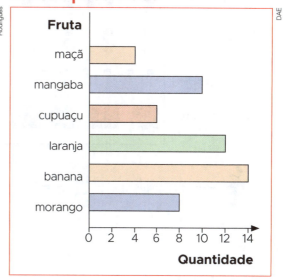

Fonte: Dados obtidos com base nas preferências das crianças pesquisadas.

Agora responda:

a) O que esses gráficos têm em comum? E de diferente?

_____

_____

_____

b) É possível saber a quantidade de crianças que gostam de banana olhando o gráfico pictórico? Veja a dica: cada cesto de frutas representa 2 crianças.

_____

c) Como o número de crianças está representado no gráfico de barras? Escreva o número que indica a quantidade de crianças ao lado de cada uma das barras.

d) Se o número de crianças que escolheu cada fruta fosse o dobro, quais seriam os números colocados ao lado de cada uma das barras?

129

2. Agora observe outro gráfico pictórico. Ele representa o resultado de uma pesquisa feita com as crianças do 4º ano de uma escola.

O que eu quero ser quando crescer

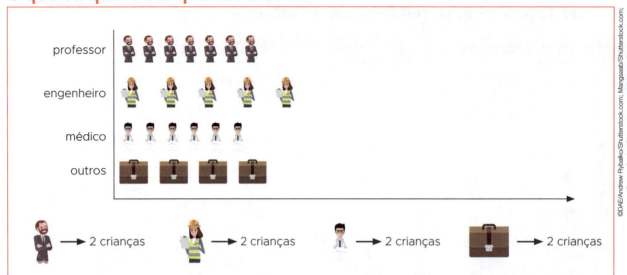

Fonte: Dados coletados em turmas do 4º ano.

a) Quantas crianças cada desenho representa? _____

b) Agora é com você! Faça um gráfico de colunas com base nesse gráfico pictórico.

130

Coleção de problemas

1. (Obmep) O piso de uma cozinha foi revestido de ladrilhos brancos e pretos, conforme a figura. Cada ladrilho branco custou R$ 2,00 e cada ladrilho preto custou R$ 3,00. Quanto foi gasto na compra dos ladrilhos?

   a) R$ 126,00
   b) R$ 144,00
   c) R$ 174,00
   d) R$ 177,00
   e) R$ 189,00

2. Leia a notícia a seguir para responder às questões.

Bexiga retoma tradição de bolo para aniversário de SP

O tradicional bolo gigante para celebrar o aniversário de São Paulo voltou a ser feito no bairro do Bexiga, região central da capital. [...]

Nesta edição, o bolo teve 150 metros. A meta era de que a metragem atingisse os 463 metros (um metro para cada ano que a cidade está celebrando) [...].

Disponível em: <http://sao-paulo.estadao.com.br/noticias/geral,bixiga-retoma-tradicao-de-bolo-para-aniversario-de-sp,70001641217>. Acesso em: set. 2017.

Pessoas se servem do bolo da comemoração.

a) Quantos metros a menos que a meta o bolo teve no ano de 2017?

b) Quantos anos São Paulo estava comemorando, considerando a meta a ser alcançada?

c) Se a meta é que seja feito 1 metro de bolo para cada ano de aniversário de São Paulo, quantos metros terá o bolo no aniversário de 469 anos da cidade?

Giramundo

Aproveitar para não desperdiçar

1. Leia o texto a seguir e faça o que se pede.

Riqueza nutricional dos alimentos está em partes muitas vezes descartadas

[...]

O aproveitamento integral de frutas e hortaliças contribui para o enriquecimento nutricional, maior variedade e quantidade de preparações, redução do custo, redução do desperdício de alimentos e maior cuidado com o meio ambiente. Para quem está

Restos de alimentos descartados.

focado na boa alimentação, então, descartar cascas e talos de alimentos, por exemplo, significa desperdiçar suas virtudes nutricionais.

Desperdício em números

Segundo a Embrapa o desperdício de alimentos é alto no Brasil, chegando a 26 milhões de toneladas ao ano, o que poderia alimentar 35 milhões de pessoas. A cada 100 caixas de produtos agrícolas colhidos, apenas 61 chegam à mesa do consumidor e 60% do lixo urbano produzido é de origem alimentar.

Reaproveitamento da casca da fruta.

[...]
Nosso país possui uma grande variedade de frutas e hortaliças, uma forma de evitar o desperdício e aproveitar 100% os alimentos seria a utilização de todas as partes dos alimentos (folhas, talos, sementes e polpa).

As partes usualmente não aproveitáveis dos alimentos poderiam ser utilizadas para o enriquecimento do valor nutricional das preparações e diminuição do desperdício, pois talos e folhas podem ser igualmente ou até mais nutritivos do que a parte nobre de vegetais (polpa).

É o caso das folhas verdes da couve-flor e folhas da beterraba que são ricas em ferro e descartadas nas feiras livres.

[...]

Portanto, a utilização integral dos alimentos diminuiria o desperdício, enriqueceria nutricionalmente a dieta e incrementaria preparações através da elaboração de novas receitas como sucos, geleias, pães, bolos, doces, suflês e tortas (salgadas e doces), adicionando mais fibras, vitaminas, minerais e polifenóis na nossa alimentação.

EXEMPLO DE ALIMENTOS QUE PODEM SER APROVEITADOS

– Talos: couve, brócolis, beterraba, couve-flor.
– Folhas: beterraba, cenoura, brócolis, couve-flor, nabo, rabanete.
– Cascas: batata, banana, abóbora, melancia, melão.
[...]

Eu Atleta/Cristiane Perroni. Disponível em: <http://globoesporte.globo.com/eu-atleta/nutricao/noticia/2017/02/riqueza-nutricional-dos-alimentos-esta-em-partes-muitas-vezes-descartadas.html>. Acesso em: jun. 2017.

a) Pesquise o significado da sigla Embrapa.

_____

• Você conhece alguma unidade da Embrapa na região onde mora?

_____

b) Pesquise e compartilhe com os colegas e o professor uma receita feita com cascas, talos ou folhas de frutas ou legumes. Em grupo e com o auxílio do professor, reúnam as receitas em um livrinho para ser distribuído entre todos da turma.

Retomada

1. Lembrando que 1 quilo é o mesmo que 1000 gramas, transforme em gramas:

   a) 200 kg = _____ g   c) 3 kg = _____ g

   b) 600 kg = _____ g   d) 80 kg = _____ g

2. Calcule.

   a) 2000 gramas = _____ kg

   b) 5 kg = _____ gramas

   c) $\frac{1}{2}$ de 20 kg = _____ kg

   d) $\frac{1}{2}$ de 200 kg = _____ kg

   e) $\frac{1}{2}$ de 2000 kg = _____ kg

   f) 1 kg de café custa 4 reais, então 5 kg custam _____ reais

   g) Se um leão pesa 190 kg e seu filhote tem aproximadamente metade dessa massa, o filhote pesa _____ kg.

3. Escreva por extenso as frações a seguir.

   a) $\frac{1}{2}$ ⟶ _____

   b) $\frac{1}{3}$ ⟶ _____

   c) $\frac{1}{4}$ ⟶ _____

   d) $\frac{1}{5}$ ⟶ _____

   e) $\frac{1}{10}$ ⟶ _____

4. Resolva:

a) 126 × 9 = _____

c) 1563 × 3 = _____

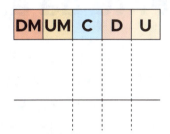

b) 5478 × 4 = _____

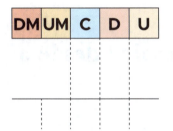

d) 6654 × 2 = _____

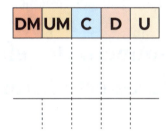

5. (Saresp) O gráfico abaixo mostra a venda de caixas de papelão de uma fábrica de embalagens no primeiro semestre de 2005.

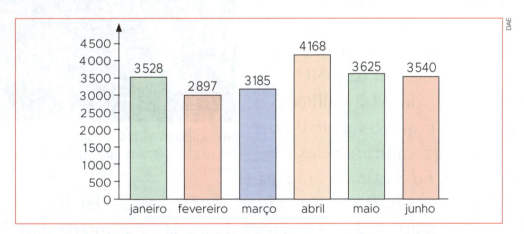

A diferença entre a quantidade de caixas vendidas nos meses de maior e de menor venda foi:

a) 7065 caixas.

b) 1271 caixas.

c) 631 caixas.

d) 288 caixas.

Construir um mundo melhor

Corrente da amizade

Você deve saber que temos enfrentado muitos problemas por causa de **intolerância**. Você conhece o significado dessa palavra?

De acordo com o *Míni Houaiss – Dicionário da Língua Portuguesa*, ela significa: "Tendência a não suportar ou condenar o que desagrada nas opiniões, atitudes etc. alheias, intransigência".

1. Leia, a seguir, o trecho de uma notícia.

ONU: número de refugiados é o maior desde a Segunda Guerra Mundial

[...]

O número de pessoas forçadas a deixar suas casas devido a guerras ou perseguição superou a marca de 50 milhões em 2013 pela primeira vez desde a Segunda Guerra Mundial, informou a agência de refugiados da ONU.

O número, de 51,2 milhões, é seis vezes maior que o registrado no ano anterior, e foi inflado pelos conflitos na Síria, no Sudão do Sul e na República Centro-Africana, segundo o relatório da UNHCR.

Refugiados sírios se protegem da chuva em Istambul: conflito na Síria inflou número de refugiados.

[...] o que mais frustra as agências de ajuda humanitária da ONU é o número cada vez maior de refugiados, enquanto o braço político da ONU, o Conselho de Segurança, parece ser incapaz de resolver conflitos ou prevenir o início de novos.

[...]

Disponível em: <www.bbc.com/portuguese/noticias/2014/06/140619_refugiados_entrevista_hb>.
Acesso em: ago. 2017.

- Por que você acha que as pessoas começam uma guerra? Faça uma pesquisa sobre o assunto e converse com o professor e os colegas a respeito do que você descobriu.

2. Leia um quadrinho da Turma da Mônica:

Almanaque da Mônica nº 15, de 1989.

- O que você observa nesse quadrinho? Você acha que há intolerância? Por quê?

3. Vamos fazer uma corrente do bem?

   a) Faça um levantamento dos problemas gerados pela intolerância em sua cidade, bairro ou escola.

   _____
   _____
   _____

   b) Quais ações você e os colegas podem adotar para que as pessoas se conscientizem da necessidade de praticar a **tolerância**?

   _____
   _____
   _____

   c) Junte-se a alguns colegas e, em grupo, elaborem cartazes que motivem as pessoas a ser mais tolerantes e a olhar para os outros com solidariedade e humanidade.

   d) Espalhem os cartazes que sua turma fez pela escola. Criem uma campanha com o título "Corrente da tolerância".

Periscópio

📖 Para ler

Sou a maior coisa que há no mar, de Kevin Sherry. Rio de Janeiro: Rocco, 2010.
Uma lula se orgulha de ser o maior animal do mar e se compara com vários animais, sem levar em conta os maiores que ela.

Onde estão as multiplicações?, de Luzia Faraco Ramos. Ilustrações de Faifi. São Paulo: Ática, 1999.
Nesse livro, um grupo de amigos sai em busca de coisas que podem ser multiplicadas, como carrinhos, chaves e muito mais, para aprender matemática.

▶ Para assistir

A corrente do bem, direção de Mimi Leder, 2000.
Trevor, incentivado por um professor, começa uma corrente em que cada pessoa deveria fazer uma boa ação e convidar mais três pessoas a fazer o mesmo. A multiplicação em ação para boas ações!

Quanto tempo?

Uma escola propôs aos alunos promover um dia inteiro só de brincadeiras. Para isso, realizou uma pesquisa para escolher o melhor planejamento de atividades elaborado por alunos de 4º e 5º anos. Foi decidido formar equipes de até 10 crianças para as brincadeiras.

Medida de tempo

1. Veja a lista de brincadeiras que foi proposta e a estimativa de duração delas.

Brincadeira	Tempo estimado
amarelinha	10 minutos
cabo de guerra	10 minutos
esconde-esconde	15 minutos
barra-manteiga	20 minutos
boliche de olhos vendados	20 minutos
quebra-panela	15 minutos

• Agora responda às questões.

a) Se todas essas brincadeiras fossem feitas por uma só equipe, quanto tempo essa equipe levaria para brincar?

_____

b) Se a equipe parasse 15 minutos para descansar, quanto tempo levaria para terminar todas essas brincadeiras?

_____

c) Uma das equipes fez todas as atividades em metade do tempo previsto. Quanto tempo essa equipe levou?

_____

d) Uma equipe começou as brincadeiras às 8 h 30 min e fez um intervalo de 20 minutos depois do jogo **barra-manteiga**. A que horas essa equipe terminou as brincadeiras?

_____

Para saber mais

Amarelinha

Do 1 ao 10 para chegar ao céu. Caso você não se lembre, a amarelinha, jogo popular entre as crianças de antigamente, tinha regras simples. Depois de desenhar o percurso no chão [...] jogava-se uma pedrinha na primeira casa e o objetivo era ir pulando até chegar à marca circular, evitando a casinha em que estava a pedra. Na volta, o desafio era se equilibrar para pegar a pedrinha. Acredita-se que amarelinha teria sido inventada pelos romanos — gravuras mostram crianças brincando de amarelinha nos pavilhões de mármore nas vias da Roma antiga. Mas as primeiras referências ao jogo de que se tem registro confirmado datam do século 17. No manuscrito *Book of Games* ("Livro de jogos", em português), compilado entre os anos de 1635 e 1672, o estudioso inglês Francis Willughby já descrevia a brincadeira em que crianças pulavam sobre linhas no chão no percurso que simbolizava a trajetória do homem através da vida.

Disponível em: <http://super.abril.com.br/blog/superlistas/conheca-a-origem-de-6-brincadeiras-populares>. Acesso em: jun. 2017.

Medidas de capacidade: litro e mililitro

1. Observe a jarra graduada em 1 litro.

- Agora compare as imagens das garrafas abaixo para perceber a relação entre o litro e o mililitro. Em seguida, responda às questões.

141

a) Podemos dizer que uma jarra com capacidade para 1 litro é maior ou menor que um recipiente com capacidade para 250 mL? _____

> Ao falar em medida de capacidade, estamos nos referindo à quantidade que cabe em um recipiente. **Litro** e **mililitro** são as unidades mais usuais utilizadas para medir capacidade.
> Para obter 1 litro, é preciso 1000 mililitros. Portanto, **1 L = 1000 mL**.

b) Anote, a seguir, o nome de três tipos de recipiente que você usa no dia a dia com capacidade para 1 litro.

_____

_____

_____

c) Escreva o nome de dois tipos diferentes de recipiente que você usa no dia a dia com capacidade para $\frac{1}{2}$ litro, ou seja, 500 mL.

_____

_____

2. Complete as frases.

a) Se uma pessoa bebe 1 litro de água por dia, ela bebe _____ mL de água por dia.

b) Se um restaurante faz 5 litros de suco de melancia por dia, são feitos _____ mL de suco de melancia por dia.

c) Cada copo tem 240 mL de leite. Para encher uma garrafa com capacidade para 1200 mL, são necessários _____ copos de leite.

d) Para fazer 1 litro de suco de laranja são necessárias 12 laranjas. Com uma caixa com 90 laranjas é possível fazer _____ de suco.

Figuras geométricas espaciais: prismas

1. Observe o conjunto de figuras geométricas espaciais abaixo e faça o que se pede.

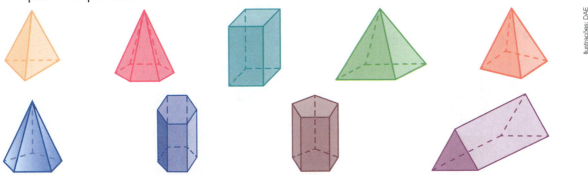

a) Contorne todas as pirâmides.

b) Você sabe o nome das figuras geométricas espaciais que você não contornou? Converse sobre elas com os colegas e o professor.

2. Recorte, das páginas 247 e 249, do **Material complementar**, as planificações de prismas de bases triangular, pentagonal e hexagonal e monte-as. Em seguida, compare os prismas com as pirâmides que você montou e explorou na Unidade 4. Observe que as pirâmides têm apenas uma base. Agora responda: Os prismas têm quantas bases? _____

Na pirâmide, a base é a figura plana que contém todos os vértices dessa figura geométrica espacial, exceto um.

No prisma, a base é a figura que contém metade dos vértices dessa figura geométrica espacial.

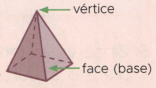

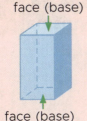

Veja que o prisma tem uma face na qual está metade de seus vértices e outra face, idêntica e paralela a ela, na qual está a outra metade dos vértices.

Assim, percebemos que o **prisma tem duas bases**.

O nome do prisma, assim como o da pirâmide, é dado em função da figura plana que está em sua base.

3. Faça uma marca com lápis de cor nas bases dos prismas que você montou. Depois, complete o quadro.

Prisma	Figura plana das bases	Nome do prisma

Ilustrações: DAE

4. Complete a frase.

Quando explorou a pirâmide, você aprendeu que suas faces laterais têm forma _____. Já as figuras que estão nas laterais dos prismas têm forma _____.

> As faces do prisma são formadas a partir das arestas da figura plana que compõe a base do prisma.
> Todas as faces formadas são figuras de quatro lados, chamadas de **quadriláteros**.

5. Observe as faces que você marcou nos prismas montados e complete o quadro a seguir.

Prisma	Quantidade de lados da figura da base	Quantidade de faces do prisma
prisma de base triangular		
prisma de base pentagonal		
prisma de base hexagonal		

144

O que podemos dizer a respeito da relação entre a quantidade de lados das bases do prisma e o número de faces dele?

_____

6. Ligue cada planificação à figura que compõe sua base.

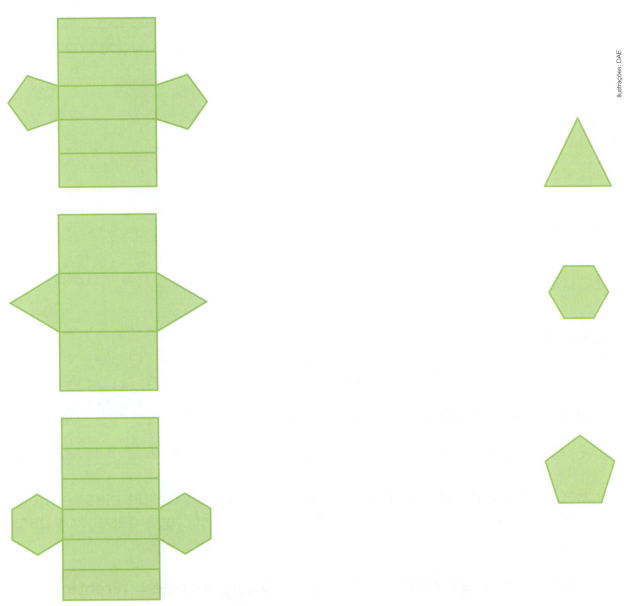

7. No computador, usando um programa de editor de textos, clique com o *mouse* na aba **Inserir** e depois em **Formas**. Escolha as figuras e a quantidade de cada uma delas necessárias para representar a planificação do **prisma de base pentagonal** e do **prisma de base hexagonal**. Pinte as figuras que compõem cada prisma com cores diferentes utilizando a ferramenta **Preenchimento da forma**.

145

8. Pegue varetas e massa de modelar com o professor. Junte-se a um colega para escolher um prisma e fazer a estrutura dele. Quando terminarem, ajudem a organizar uma exposição dos prismas que a turma montou.

a) Você e seu colega fizeram a estrutura de que prisma?

_____

b) Faça a representação da estrutura do prisma de vocês na malha pontilhada abaixo.

9. Complete:

a) O prisma de base triangular tem _____ arestas e _____ vértices.

b) O prisma de base pentagonal tem _____ arestas e _____ vértices.

c) O prisma de base hexagonal tem _____ arestas e _____ vértices.

10. Escolha um prisma e uma pirâmide e escreva o que eles têm em comum e o que têm de diferente. Se precisar, faça desenhos para explicar.

O que têm em comum	O que têm de diferente

146

Números e operações

Estimar a quantidade de ordens do quociente

1. Ao dividir um número de 3 algarismos por um número de 1 algarismo, o quociente pode ser um número de 1 algarismo? Explique.

_____

_____

_____

- Vejamos a conta 152 ÷ 4. Logo no início, você pode pensar assim:

  10 × 4 = 40, que é menor que 152;

  20 × 4 = 80, que é o dobro da primeira estimativa, porém ainda está longe de 152;

  40 × 4 = 160.

  Portanto, o quociente (o resultado) de 152 ÷ 4 está entre 20 e 40 e é um número de 2 algarismos.

> VOCÊ PODE PENSAR, ANTES DE FAZER A CONTA, QUANTOS ALGARISMOS TERÁ O RESULTADO. ASSIM, PODE CONTROLAR O RESULTADO DA CONTA E EVITAR ERROS, COMO ESQUECER DE INCLUIR ALGUM ALGARISMO NO QUOCIENTE.

- Agora, pensando na conta 750 ÷ 5:

  10 × 5 = 50, que é menor que 750;

  100 × 5 = 500, que também é menor que 750, porém, se estimar 200, que é o dobro de 100, o resultado também dobrará e 1000 é maior que 750.

  Portanto, o resultado está entre 100 e 200 e tem 3 algarismos.

2. Antes de usar a calculadora, escreva ao lado de cada conta quantos algarismos haverá no quociente. Depois confira com a calculadora e anote o resultado.

a) 165 ÷ 3 = _____ (_____ algarismos)

b) 312 ÷ 4 = _____ (_____ algarismos)

c) 153 ÷ 9 = _____ (_____ algarismos)

d) 688 ÷ 4 = _____ (_____ algarismos)

147

Diferentes estratégias de estimativa para dividir

1. Pense e registre qual estratégia você utilizaria para resolver esta situação.

- Em um acampamento há 114 crianças. Todas vão dormir em barracas, e cabem 3 crianças em cada uma. Quantas barracas são necessárias para acomodar todas as crianças?

_____

2. Agora observe duas maneiras de resolver a situação da atividade 1.

Janaína

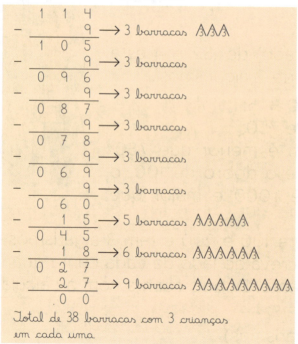

Éder

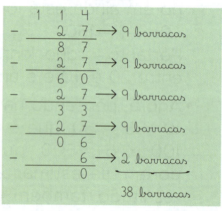

- O que você observa na estratégia de Éder em relação à de Janaína?

_____

_____

Há 114 crianças e em cada barraca cabem 3. Janaína começou fazendo a distribuição de 9 crianças, que ocuparam 3 barracas. Sobraram 105 crianças para ela continuar distribuindo pelas barracas. Das 105, mais 9 crianças foram distribuídas e sobraram 96, e assim a organização em barracas continuou até não sobrar nenhuma criança.

3. Ao distribuir 114 crianças em grupos de 3 cada um, fizemos uma divisão comum. No entanto, podemos fazê-la de outra maneira.

```
  1 1 4 | 3
-   2 7   9
    8 7
-   2 7   9
    6 0
-   2 7   9
    3 3
-   2 7   9
    0 6
-     6   2  +
      0   3 8
```

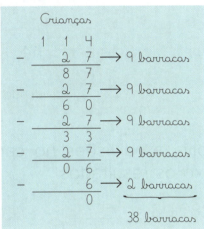

4. Observe e registre o que as duas contas acima têm de parecido.

_____

_____

5. Para resolver essa conta há outras estimativas que poderiam ser mais eficientes e aproximadas de 114. Resolva novamente essa divisão com no máximo 3 estimativas.

```
  1 1 4 | 3
```

149

• Agora escreva uma dica para um colega fazer boas estimativas.

_____

_____

_____

Vamos relembrar os termos da divisão:

divisor

$$114 \div 3 = 38 \leftarrow \text{quociente}$$

dividendo

6. Resolva as divisões no caderno, como achar melhor, e registre abaixo os resultados.

a) $128 \div 8 =$ _____

c) $210 \div 5 =$ _____

b) $126 \div 7 =$ _____

d) $112 \div 7 =$ _____

7. Resolva as divisões de maneira que suas estimativas para encontrar o quociente sejam eficientes e curtas.

a) $3112 \div 8 =$ _____

b) $936 \div 9 =$ _____

150

Jogo

Divisão em linha com calculadora

Participantes:

2 alunos.

Materiais:

- quadro de dividendos, quadro de divisores, 8 fichas vermelhas, 8 fichas azuis e tabuleiro da página 251, do **Material complementar**;
- uma calculadora por dupla.

Como jogar

1. Cada jogador escolhe uma cor de ficha e, juntos, decidem quem inicia o jogo.
2. Em sua vez, o jogador escolhe um dividendo e um divisor (listados nos quadros), determina o quociente entre eles e anuncia, ao seu oponente, todos os valores da jogada (dividendo, divisor e quociente).
3. O oponente confere se o quociente determinado pelo jogador está correto (pode utilizar a calculadora).
4. Se o quociente estiver correto, o jogador marca com uma ficha a casa do tabuleiro correspondente ao quociente obtido. Então, tem direito a outra jogada, podendo fazer até duas jogadas seguidas.
5. O primeiro jogador que alinhar quatro fichas na horizontal, vertical ou diagonal será o vencedor.
6. Quando terminarem de jogar, verifiquem qual(is) número(s) não foi (foram) coberto(s) por uma ficha e conversem sobre qual divisão poderia ter sido feita para obter esse(s) quociente(s).

151

Agora pense sobre o jogo

Um jogador escolheu, para fazer a divisão, os números abaixo.

(190 e 19)

Para pensar no resultado, fez como mostrado a seguir.

Se $19 \times 10 = 190$, então $190 \div 19 = 10$.

Dica: para fazer a divisão, pensar na multiplicação ajuda bastante.

1. Em qual dos itens a seguir poderia ser usado o mesmo raciocínio para dividir? Marque-o com **X**.

☐ 117 e 18 ☐ 63 e 30 ☐ 270 e 27 ☐ 165 e 6

2. Um aluno calculou $689 \div 31$.

   a) Quantos algarismos terá o quociente da divisão que ele fez? _____

   b) Ele poderá usar a ficha colorida para marcar o resultado no tabuleiro? Por quê?

   _____

   c) Se ele tivesse escolhido os números 731 e 17, o resultado teria quantos algarismos?

   _____

   d) Ele teria conseguido cobrir o resultado no tabuleiro? Se sim, indique o número.

   _____

3. Se um jogador cobriu com a ficha colorida o número 7, que números devem ter sido escolhidos para fazer a divisão? Marque com um **X** a alternativa correta.

☐ 203 e 29 ☐ 18 e 2 ☐ 12 e 6

4. Se a divisão feita pela dupla fosse $180 \div 9$, qual quociente deveria estar no tabuleiro?

_____

152

Representação de frações

1. Você se lembra da situação em que uma escola propôs um dia inteiro de brincadeiras? Uma delas foi o **boliche de olhos vendados**. O desafio consistia em derrubar o maior número possível de pinos com os olhos vendados. Os alunos foram divididos em equipes, e cada integrante fez uma jogada. Havia 10 pinos para serem derrubados. Veja no quadro a seguir quantos pontos os integrantes de uma das equipes fizeram, cada um em sua vez.

Integrante	Laura	Pedro	Mariana	Lucas
Quantidade de pinos derrubados na jogada	$\dfrac{2}{10}$	$\dfrac{5}{10}$	$\dfrac{6}{10}$	$\dfrac{7}{10}$

a) Como a quantidade de pinos que cada criança derrubou foi representada na tabela acima? _____

b) O que significa o número 10 colocado abaixo de todos os traços, como $\dfrac{2}{10}$, $\dfrac{5}{10}$, e assim por diante?

_____

_____

c) O que significam os números colocados acima dos traços?

_____

_____

d) Quem acertou mais pinos? _____

e) Quem acertou menos pinos? _____

f) Podemos dizer que $\dfrac{5}{10}$ é a metade de pinos do boliche? Explique.

_____

g) Escreva outra fração que também podemos usar para representar "metade" de uma quantidade. _____

153

Expressões numéricas

Leia a situação-problema.

> Pedro adora bater figurinhas com seus amigos. Ele tinha 25 figurinhas antes de brincar com Tiago. Na primeira rodada, perdeu 8, mas ganhou 10 na rodada seguinte. Com quantas figurinhas Pedro ficou no final da brincadeira?

Podemos representar o problema com a seguinte escrita matemática:

$$25 - 8 + 10 =$$

Quantas operações estão representadas nessa escrita matemática?

_____

Nesse caso, resolvemos as operações na ordem em que elas aparecem. Veja.

$$25 - 8 + 10 =$$
$$= 17 + 10 = 27$$

Quando temos uma sequência de operações matemáticas escritas em uma só sentença, temos uma **expressão numérica**.

1. Resolva as expressões numéricas com adição e subtração.

a) $10 + 25 - 30 =$

b) $89 - 48 - 19 + 12 =$

154

c) 228 + 12 − 100 + 40 =

d) 931 − 131 + 19 − 50 =

2. Paulo resolveu uma expressão numérica e cometeu um erro. Descubra o que ele errou e corrija.

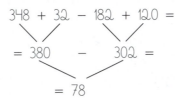

- O que você pôde concluir ao corrigir o erro de Paulo?

_____

_____

3. Leia o problema a seguir.

Em seu aniversário de 9 anos, Maria ganhou 100 reais de sua mãe e 85 reais de seu tio. Com o dinheiro ela comprou uma bolsa de 120 reais. Com quantos reais ela ficou?

a) Marque com um **X** a expressão numérica que representa o problema.

☐ 120 − 100 − 85 =

☐ 100 − 85 + 120 =

☐ 100 + 85 − 120 =

b) Resolva o problema.

_____

4. Vera é dona de uma loja e comprou 60 casacos por 40 reais cada, 10 calças por 45 reais cada e 15 blusas por 20 reais cada. Quanto Vera gastou?

> Você já deve ter percebido que serão necessárias muitas contas para representar o que o problema quer dizer, não é mesmo?

155

Vamos a elas:

$$60 \times 40 + 10 \times 45 + 15 \times 20 =$$

Nessa situação, temos adições e multiplicações para resolver. Você já sabe que quando temos adição e subtração devemos seguir a ordem em que as operações aparecem. No entanto, nesse caso, primeiro precisamos resolver as multiplicações e depois as adições. É importante lembrar de resolver cada operação de uma vez, colocando o resultado na linha de baixo, e copiar o restante das operações para que sejam resolvidas uma a uma, até se obter o resultado.

$$60 \times 40 + 10 \times 45 + 15 \times 20 =$$
$$= 2400 + 10 \times 45 + 15 \times 20 =$$
$$= 2400 + 450 + 15 \times 20 =$$
$$= 2400 + 450 + 300 =$$

• Agora podemos calcular a soma:

$$2400 + 450 + 300 = \underline{\hspace{3cm}}$$

Para resolver as expressões numéricas, precisamos seguir algumas regras. Vamos relembrá-las.

1. Resolver as multiplicações e as divisões primeiro, na ordem em que aparecem.
2. Resolver as adições e as subtrações na ordem em que aparecem.
3. Se a expressão tiver parênteses, a operação dentro dos parênteses deve ser calculada primeiro. Feito o cálculo, tiram-se os parênteses e continua-se a resolver as outras contas seguindo as regras.

5. Resolva as expressões abaixo, considerando as regras estudadas.

a) $120 \times 4 + 3 \times 60 + 2 \times 80 = \underline{\hspace{3cm}}$

b) $7 \times 100 + 20 \div 5 + 9 \times 9 = \underline{\hspace{3cm}}$

156

Coleção de problemas

1. Invente com um colega um problema que envolva compras e que possa ser resolvido pela seguinte expressão numérica:

$$3 \times 15 + 8 \times 9$$

_____

_____

_____

_____

2. Em uma grande loja de produtos esportivos foram vendidas, no mês de abril, 3 852 bolas de tênis. Sabendo-se que cada embalagem tem 6 bolas, quantas embalagens no total foram vendidas nesse mês?

_____

3. Considere três caixas: A, B e C.
- Na caixa A há 10 bolas brancas.
- Na caixa B há 12 bolas pretas.
- Na caixa C há 8 bolas azuis.

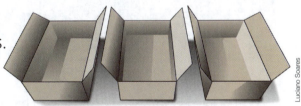

Foram retiradas 6 bolas da caixa A e colocadas na caixa B. A seguir, retiraram-se 8 bolas pretas da caixa B, que foram colocadas na caixa C. Por último, retiraram-se 6 bolas azuis da caixa C, que foram colocadas na caixa A.

Ao final, com quantas bolas de cada cor as caixas ficaram?

_____

_____

157

4. Se em uma fábrica há 2 400 rodinhas de patins, quantos patins com 4 rodinhas podem ser montados?

___

5. Os gatinhos Mica e Teca estão dormindo no sofá da sala. Cada um ocupa $\frac{1}{4}$ do sofá.

a) Desenhe para representar o lugar que cada um ocupa.

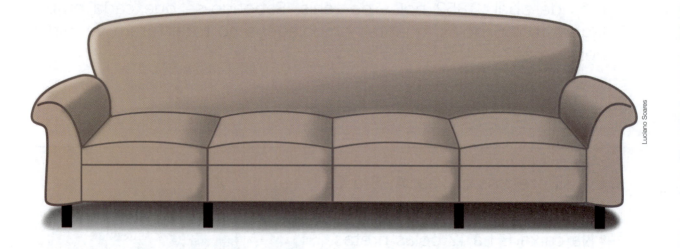

b) Que espaço os dois ocupam?

___

c) Quanto de espaço sobra do sofá? Escreva em forma de fração.

___

6. No quadro abaixo, você deverá encaixar os números 11, 10, 9, 17, 14, 15, 13 e 7 de modo que as somas de todas as linhas horizontais, verticais e diagonais seja 36.

Quadro de soma "36"

7. Uma fábrica produziu 978 peças para vidros de automóveis. Destas, 125 precisaram de conserto. As peças que puderam ser utilizadas foram distribuídas em 10 caixas, exatamente com a mesma quantidade de peças, para serem enviadas para outra fábrica na Região Nordeste do Brasil.

a) Quantas peças foram organizadas nas caixas?

_____

b) Após a organização, sobraram peças? Quantas?

_____

c) O que foi feito com as peças que sobraram?

_____

d) Qual é o nome da fábrica que fica na Região Nordeste do Brasil?

_____

e) Há quantos anos essa fábrica existe no Brasil?

_____

Retomada

1. Marque nos relógios os horários pedidos.

3 h 45 min

2 h 30 min

9 h 15 min

2. Luana começou a lição de casa às 13 h 30 min e terminou às 14 h. Michele começou a lição às 17 h 20 min e terminou às 17 h 50 min. Quem fez a lição em menos tempo? Registre como você pensou.

_____

3. Se 1 litro equivale a 1000 mL, escreva quantos mL há em:

a) 15 litros → _____

b) 50 litros → _____

4. Represente nas figuras as frações a seguir e escolha uma delas para escrever como se lê.

a)
fração	figura
$\frac{5}{10}$	

c)
fração	figura
$\frac{5}{8}$	

b)
fração	figura
$\frac{20}{100}$	

d)
fração	figura
$\frac{4}{12}$	

_____

160

5. Resolva as expressões numéricas no caderno considerando as regras estudadas. Registre o resultado nos espaços indicados.

a) 25 × 25 + 6 + 9 = _____   c) 58 × 2 + 3 × 3 − 2 = _____

b) 12 × (15 − 9) + 8 = _____   d) 100 × 2 − 50 + 24 ÷ 6 = _____

6. Resolva as divisões com a menor quantidade de etapas de estimativa no quociente.

a) 1015 ÷ 7 = _____

b) 234 ÷ 6 = _____

7. Nas afirmações abaixo, marque **V** para verdadeiro e **F** para falso.

☐ A pirâmide de base triangular tem 5 faces.

☐ O prisma de base triangular tem 5 faces.

☐ O prisma de base hexagonal tem 12 vértices e 12 arestas.

☐ A pirâmide de base pentagonal tem 6 vértices.

☐ O prisma de base pentagonal tem 5 vértices e 15 arestas.

• Escolha uma das afirmações falsas e reescreva-a para que fique verdadeira.

_____

_____

_____

Periscópio

📖 Para ler

Como passa o tempo?, de Ana Vicente. Ilustrações de Madalena Matoso. São Paulo: Leya, 2012.

Quem lê esse livro fica maravilhado com a ideia de viver um tempo ao lado do tempo. Com ilustrações que encantam, segundos e minutos passam sem a gente sentir!

👆 Para acessar

That quiz: *site* que apresenta diversos testes de aritmética e geometria.
Disponível em: <www.thatquiz.org/pt/>.
Acesso em: set. 2017.

UNIDADE 7
O que será que vai aparecer?

1. O que está escondido por trás destas linhas? Calcule as multiplicações do quadro, encontre o resultado na imagem e pinte o espaço com a cor indicada.

Atenção: resultados iguais devem ser pintados da mesma cor.

🍃	3 × 4	🍃	10 × 4	🍃	5 × 6	🍃	6 × 3
🍃	8 × 5	🍃	6 × 6	🍃	2 × 9	🍃	8 × 2
🍃	9 × 4	🍃	10 × 3	🍃	4 × 4	🍃	6 × 2

163

◈ Números e operações

1. Veja esta notícia a respeito da distribuição das bibliotecas públicas no Brasil.

MinC lança mapa com bibliotecas públicas de todo país

O Ministério da Cultura (MinC) acaba de lançar uma plataforma na qual é possível encontrar, dentro do mapa do Brasil, as 6 021 bibliotecas públicas (municipais e estaduais) e comunitárias cadastradas no Cadastro Nacional de Bibliotecas e que integram o Sistema Nacional de Bibliotecas Públicas (SNBP). O acesso é livre para qualquer cidadão. Pelo mapa, é possível encontrar dados como endereço e acessibilidade das instituições.
[...]

Ministério da Cultura. Disponível em: <www.cultura.gov.br/o-dia-a-dia-da-cultura/-/asset_publisher/waaE236Oves2/content/minc-lanca-mapa-com-bibliotecas-publicas-de-todo-pais/10883>. Acesso em: set. 2017.

a) De acordo com a notícia, quantas bibliotecas públicas existem no Brasil?

_____

b) E na sua cidade, há biblioteca pública? Com o professor e os colegas, faça essa pesquisa e registre no espaço abaixo o número de bibliotecas públicas que existem em sua cidade.

_____

164

Ordem dos números

1. Qual é o número?

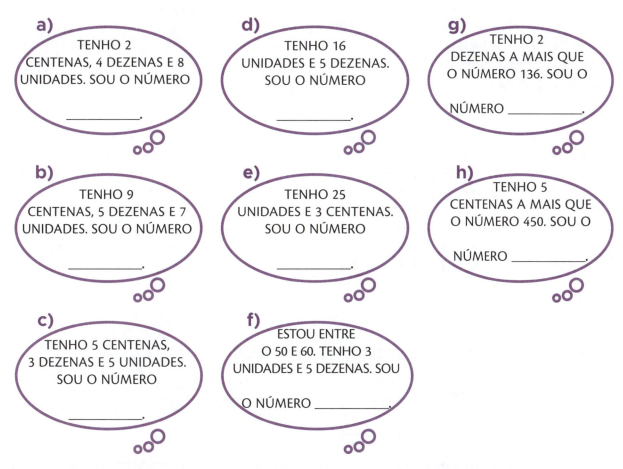

a) TENHO 2 CENTENAS, 4 DEZENAS E 8 UNIDADES. SOU O NÚMERO _____.

b) TENHO 9 CENTENAS, 5 DEZENAS E 7 UNIDADES. SOU O NÚMERO _____.

c) TENHO 5 CENTENAS, 3 DEZENAS E 5 UNIDADES. SOU O NÚMERO _____.

d) TENHO 16 UNIDADES E 5 DEZENAS. SOU O NÚMERO _____.

e) TENHO 25 UNIDADES E 3 CENTENAS. SOU O NÚMERO _____.

f) ESTOU ENTRE O 50 E 60. TENHO 3 UNIDADES E 5 DEZENAS. SOU O NÚMERO _____.

g) TENHO 2 DEZENAS A MAIS QUE O NÚMERO 136. SOU O NÚMERO _____.

h) TENHO 5 CENTENAS A MAIS QUE O NÚMERO 450. SOU O NÚMERO _____.

2. Coloque os números a seguir em ordem crescente.

| 564 934 | 123 765 | 907 004 | 112 453 | 876 553 |

_____

3. Complete corretamente com os símbolos >, < ou =.

a) 324 _____ 561 _____ 248

b) 213 _____ 550 _____ 1050

c) 203 _____ 87 _____ 26

d) 715 _____ 547 _____ 256

e) 2 × 400 _____ 2 × 100 _____ 2 × 50

4. Continue as sequências numéricas.

3500			3200			2900			
			2100						

5000	5200								

		3000	3500						6500
			8500						

1300		1200	1150	1100					

5. Escreva os números indicados com algarismos.

- dez mil ⟶ _____

- sessenta e cinco mil ⟶ _____

a) Qual é o **antecessor** (o número que vem imediatamente antes) de dez mil? _____

b) Qual é o **sucessor** (o número que vem imediatamente depois) de dez mil? _____

c) Escreva, com algarismos, cinco números que vêm imediatamente antes de 65000 e 5 números que vêm imediatamente depois de 65000.

					65000					

d) Faça o mesmo para o número 10000. **Atenção:** utilize algarismos para a escrita.

					10000					

166

Jeitos diferentes de multiplicar

1. Leia o problema e observe como algumas crianças resolveram-no. Uma escola comprou 8 caixas de lápis de cor para os projetos que acontecerão na aula de Arte durante o ano. Cada caixa tem 36 lápis. No total, quantos lápis novos foram comprados?

Camila

```
     ⁴3 6
      3 6
      3 6
      3 6
  +   3 6
      3 6
      3 6
      3 6
    ─────
    2 8 8
```

Sophia

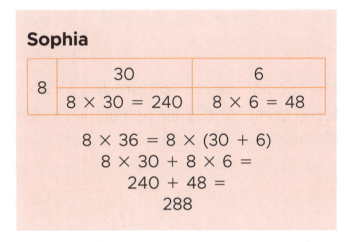

$8 \times 36 = 8 \times (30 + 6)$
$8 \times 30 + 8 \times 6 =$
$240 + 48 =$
288

Guilherme

Rafael

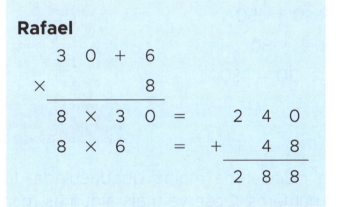

• Converse com o professor e os colegas e anote como funciona cada jeito usado para resolver a multiplicação **8 × 36**.

_____
_____
_____
_____
_____

2. Agora é sua vez! Escolha duas das estratégias apresentadas na atividade 1 e resolva a multiplicação 6 × 27.

E se a escola tivesse comprado 15 caixas com 12 lápis cada uma? Observe como poderíamos calcular o resultado por meio da malha quadriculada.

15 × 12

15 × 10 = 150

15 × 2 = 30

150 + 30 = 180

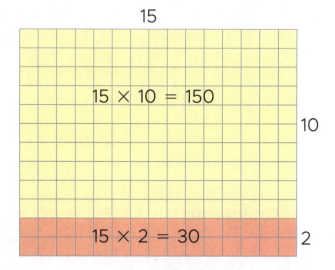

Para calcular na malha quadriculada, foi usada a decomposição dos números. Observe mais algumas maneiras de fazer essa conta também usando a decomposição.

Contas de apoio

```
        1 2
    ×   1 5
    ─────────
      0 1 0  ← 5 × 2
        5 0  ← 5 × 10
        2 0  ← 10 × 2
      1 0 0  ← 10 × 10
    ─────────
      1 8 0
```

168

Decomposição

	10	2
10	10 × 10 = 100	10 × 2 = 20
5	5 × 10 = 50	5 × 2 = 10

$$100 + 50 + 20 + 10 = 180$$

Conta armada

$$
\begin{array}{r}
1\ 2 \\
\times\ 1\ 5 \\
\hline
6\ 0 \\
+\ 1\ 2\ 0 \\
\hline
1\ 8\ 0
\end{array}
$$

← multiplique 5 × 12

← em seguida, 10 × 12

← some os resultados

3. Resolva as multiplicações usando:

a) decomposição;

• 13 × 14 = _____

	10	4
10		
3		

• 22 × 43 = _____

	40	3
20		
2		

b) contas de apoio;

• 13 × 14 =

c) conta armada.

• 22 × 43 =

169

4. A multiplicação **12 × 15** foi efetuada de modos diferentes. Observe com atenção e compare-os.

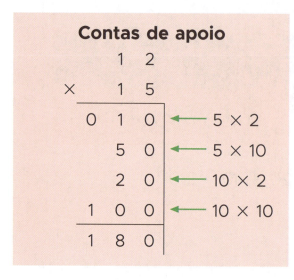
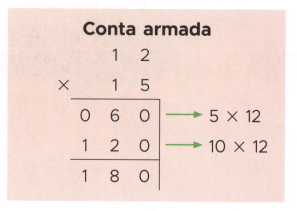

Escreva o que há de parecido e o que há de diferente entre esses dois modos de calcular.

O que há de parecido	O que há de diferente

5. Resolva utilizando a estratégia que preferir.

a) 12 × 45 = _____

d) 63 × 47 = _____

b) 23 × 16 = _____

e) 18 × 78 = _____

c) 93 × 12 = _____

f) 74 × 22 = _____

171

Dobro, triplo e quádruplo

Geralmente, um carro tem o dobro de rodas de uma moto, certo?

Ao pensar em **dobro**, logo se pensa em adicionar duas vezes uma quantidade. Por exemplo: o dobro de 20 crianças é 40 crianças (20 + 20 ou 2 × 20).

1. Considerando que o **dobro** é o mesmo que 2 vezes uma quantidade, o **triplo** é o mesmo que _____ vezes uma quantidade e o **quádruplo** é o mesmo que _____ vezes uma quantidade.

2. Agora calcule o dobro, o triplo e o quádruplo e complete o quadro.

Número	Dobro (×2)	Triplo (×3)	Quádruplo (×4)
1000			
500			
8000			
4000			
5000			

3. Saber quanto é 2 × 4 ajuda a calcular o dobro de 4000. Explique por que isso ocorre.

_____

_____

4. Saber quanto é 4 × 8 ajuda a calcular o quádruplo de 8000. Explique por quê.

_____

_____

5. Que operação deve ser feita para concluir que 500 é metade de 1000, que 4000 é metade de 8000 e que 5000 é metade de 10000?

_____

Quadro de multiplicação

1. Você se lembra do **quadro de multiplicação**? Vamos usá-lo para fazer mais algumas atividades.

×	1	2	3	4	5	6	7	8	9	10
1	1	2	3	4	5	6	7	8	9	10
2	2	4	6		10	12	14		18	20
3	3	6	9	12	15	18		24	27	30
4	4		12		20	24	28	32		40
5	5	10	15	20	25	30	35	40	45	50
6	6	12	18	24	30		42	48	54	60
7	7	14		28	35	42		56		70
8	8		24	32	40	48	56	64		80
9	9	18	27		45	54	63			90
10	10	20	30	40	50	60	70	80	90	100

a) Complete o quadro com os números que faltam.

b) Pinte as linhas das tabuadas do 2, do 4 e do 8. O que acontece com os resultados de uma tabuada para outra?

_____

_____

_____

_____

c) Escolha uma cor e pinte os números da coluna que vai de 3 em 3.

d) Escolha outra cor e pinte os números da coluna que vai de 6 em 6.

e) Escolha mais uma cor e pinte os números da coluna que vai de 9 em 9.

f) Os resultados da coluna do 6 são o _____ dos resultados da coluna do 3, e os resultados da coluna do 9 são o

_____ dos resultados da coluna do 3.

173

Multiplicando o vizinho

Participantes:

2 a 4 alunos.

Material:

- quadro de números desta página;
- cronômetro para marcar 20 segundos;
- 1 lápis de cor diferente para cada jogador.

Como jogar

1. Após a turma decidir quem começa a partida, o primeiro jogador deve realizar, em 20 segundos, uma multiplicação com dois números. Os demais jogadores devem permanecer em silêncio para não atrapalhar.
2. Os dois números multiplicados precisam ser "vizinhos" no quadro, ou seja, estar lado a lado, um acima/abaixo do outro ou na diagonal.
3. Cada jogador pinta com a sua cor os números que escolher para que não sejam utilizados novamente.
4. Se o jogador acertar a conta no tempo estipulado, ganha 10 pontos e passa a vez para o outro jogador. Se errar, não ganha pontos e também passa a vez.
5. Ganha o jogador com maior pontuação ao final de, pelo menos, 10 rodadas.

Quadro de números

2	2	3	6	0	7	1	4	5	9
1	3	4	5	9	9	4	3	2	8
7	5	4	9	7	4	4	6	3	2
8	6	9	0	6	6	5	1	4	3
5	7	7	4	1	8	6	0	3	2
6	4	2	3	1	8	2	2	5	4
9	4	2	7	7	7	3	2	5	5

174

Agora pense sobre o jogo

1. Quatro amigos jogaram **multiplicando o vizinho**. Observe os números pintados por eles.

2	2	3	6	0	7	1	4	5	9
1	3	4	5	9	9	4	3	2	8
7	5	4	9	7	4	4	6	3	2
8	6	9	0	6	6	5	1	4	3
5	7	7	4	1	8	6	0	3	2
6	4	2	3	1	8	2	2	5	4
9	4	2	7	7	7	3	2	5	5

Veja os produtos encontrados pelos quatro amigos e corrija os que estiverem errados.

🟥	7 × 7 = 48	7 × 8 = 56	4 × 5 = 20
🟧	4 × 5 = 21	4 × 4 = 8	8 × 8 = 64
🟩	6 × 0 = 0	6 × 9 = 54	4 × 6 = 24
🟦	5 × 6 = 30	3 × 3 = 6	7 × 4 = 27

2. Que estratégia um aluno pode usar para calcular 6 × 6 caso não lembre o resultado de memória?

_____

_____

3. Que dicas você daria a um colega que precisa fazer os cálculos da tabuada de maneira mais rápida?

_____

_____

175

Divisão: ampliando a estimativa do quociente

Você já estudou como estimar a quantidade de algarismos do quociente da divisão.

Agora você vai conhecer outra estratégia para fazer esse tipo de estimativa.

Cristina fez uma viagem de 3 horas até a cidade em que sua prima, Fernanda, mora. Durante a viagem, a cada hora ela percorreu uma mesma distância. No total, foram 216 km percorridos.

Qual foi a distância **aproximada** que Cristina percorreu por hora?

Converse com um colega, pensem e registrem abaixo uma estimativa.

Cristina percorreu aproximadamente _____ km a cada hora.

Para descobrir o quociente de 385 ÷ 5, podemos pensar: **Qual é o número mais próximo de 385 mais fácil de dividir mentalmente por 5?**

400 ÷ 5 → se 8 × 5 = 40, então 80 × 5 = 400; portanto, o resultado de 400 ÷ 5 é 80

Com isso, podemos dizer que 385 ÷ 5 é, aproximadamente, 80; logo, o resultado vai estar na ordem das dezenas.

VOCÊ PODE SE APROXIMAR DO RESULTADO DE UMA DIVISÃO USANDO ALGUMAS ESTRATÉGIAS.

Agora experimente essas estratégias para estimar a quantidade de algarismos nos quocientes das situações a seguir.

1. Carmem tem uma fábrica de camisetas. No mês passado, a fábrica fez 984 camisetas que foram vendidas para 6 lojas. Cada loja comprou o mesmo número de camisetas. Quantas camisetas cada uma comprou? Como você pensou para fazer a estimativa?

_____

_____

_____

2. Contorne o quadrinho com o número mais próximo de cada provável quociente.

a) $458 \div 5 =$

| 70 | 90 | 80 | 12 |

b) $725 \div 9 =$

| 70 | 80 | 30 | 40 |

c) $227 \div 3 =$

| 50 | 60 | 70 | 45 |

d) $1230 \div 5 =$

| 300 | 200 | 100 | 500 |

e) $2156 \div 7 =$

| 200 | 300 | 400 | 500 |

3. Estime os quocientes e anote a estratégia que você usou.

a) $369 \div 3 =$ _____

c) $3540 \div 7 =$ _____

b) $1232 \div 4 =$ _____

d) $286 \div 5 =$ _____

_____

_____

_____

Divisão por dois algarismos

Nas atividades anteriores, você fez estimativas do quociente usando seu conhecimento sobre multiplicação. Na divisão com dois algarismos no divisor, você deverá utilizar o mesmo raciocínio, ou seja, tentar estimar com base em seu conhecimento sobre multiplicação. Não deixe de considerar as multiplicações por **10**, **100** e **1000**. Você vai ver que começar estimando centenas e dezenas exatas no quociente ajuda bastante. Faça uma lista com essas multiplicações e utilize-a como estratégia para obter um número mais próximo do resultado.

Agora observe esta divisão: $1625 \div 13$

Para efetuá-la, podemos criar uma lista de cálculos que nos auxiliem a fazer estimativas. Veja a seguir.

Se eu souber que:

$$10 \times 13 = 130,$$
$$100 \times 13 = 1300 \text{ e}$$
$$1000 \times 13 = 13\,000,$$

vou perceber que o quociente estará entre 100 e 10. Então, posso começar a estimativa por $100 \times 13 = 1300$. Assim, podemos fazer a pergunta: Quantas vezes o 13 cabe no 1625? Iniciamos pensando que o 13 cabe 100 vezes no 1625; então temos 1300 e sobram 325.

Agora, continuamos a perguntar: Quantas vezes o 13 cabe em 325? Se considerarmos centenas e dezenas exatas, podemos pensar que o 13 cabe 20 vezes dentro do 325, o que resulta em 260 e sobram 65.

Por fim, pensamos: Quantas vezes o 13 cabe no 65? 5 vezes e o resto será zero

$$
\begin{array}{rrrr|rrr}
1 & 6 & 2 & 5 & 1 & 3 & \\
- 1 & 3 & 0 & 0 & 1 & 0 & 0 \\
\hline
0 & 3 & 2 & 5 & & 2 & 0 \\
- & 2 & 6 & 0 & + & & 5 \\
\hline
& 0 & 6 & 5 & 1 & 2 & 5 \\
- & & 6 & 5 & & & \\
\hline
& & 0 & 0 & & &
\end{array}
$$

Comece usando centenas e dezenas exatas.

1. Uma fábrica fez 552 *skates*. Todos serão distribuídos entre 12 lojas. Cada loja receberá a mesma quantidade de *skates*. Quanto cada loja receberá?

_____

2. Volte ao cálculo feito na atividade 1 e responda.

   a) Quantos números você utilizou para chegar ao resultado?

   _____

   _____

   b) Você começou sua estimativa do quociente com qual número? Por quê?

   _____

   _____

   c) É possível diminuir a quantidade de números estimados para chegar ao resultado? Como?

   _____

   _____

   _____

   _____

   _____

Dicas para estimar o quociente de uma divisão

1. Faça uma lista com cálculos de apoio.

2. Inicie as multiplicações por 10, 100 e 1000.

Exemplo:

Para a conta $266 \div 6$, podemos fazer: $10 \times 6 = 60$; $100 \times 6 = 600$; já sabemos que 100 é muito. Então, pensamos em $20 \times 6 = 120$; $30 \times 6 = 180$; $40 \times 6 = 240$; e $50 \times 6 = 300$. Portanto, nesse caso, o mais próximo é $40 \times 6 = 240$.

3. Veja como dois colegas fizeram a operação **936 ÷ 12**.

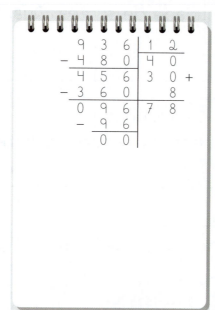

É possível ver que as duas contas dão o mesmo resultado, porém a primeira estratégia tem estimativas mais próximas do resultado do que a segunda.

4. Agora é sua vez. Resolva as contas a seguir, mas, antes, faça a estimativa do quociente de cada uma delas.

a) 300 ÷ 25 = _____

b) 1092 ÷ 14 = _____

c) 1445 ÷ 17 = _____

d) 336 ÷ 12 = _____

Frações

1. Represente as frações na reta numérica.

a) metade ou um meio $\left(\dfrac{1}{2}\right)$

|————————————————————|

- A reta foi dividida em _____ partes iguais.

b) um terço $\left(\dfrac{1}{3}\right)$

|————————————————————|

- A reta foi dividida em _____ partes iguais.

c) um quarto $\left(\dfrac{1}{4}\right)$

|————————————————————|

- A reta foi dividida em _____ partes iguais.

d) um sexto $\left(\dfrac{1}{6}\right)$

|————————————————————|

- A reta foi dividida em _____ partes iguais.

Veja esta reta numérica:

```
0   10   20   30   40   50   60   70   80   90   100
```

Ela começa no 0 e vai até 100.

A metade, ou seja, $\frac{1}{2}$ dessa reta, pode ser representada pelo número 50.

```
0   10   20   30   40   50   60   70   80   90   100
                          ↑
                         $\frac{1}{2}$
```

Para encontrarmos um décimo $\left(\frac{1}{10}\right)$ dessa reta, precisamos dividi-la em 10 partes iguais e encontrar sua décima parte.

```
0   10   20   30   40   50   60   70   80   90   100
 └─┘
 $\frac{1}{10}$
```

Cada parte corresponde a um décimo da reta numerada.

2. Observe a reta numérica abaixo.

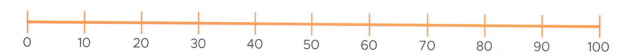

- Como encontrar a fração $\frac{1}{4}$ nessa reta numérica? E a fração $\frac{1}{5}$? Converse com os colegas e o professor e depois registre suas respostas.

_____
_____
_____
_____

182

3. Localize as frações na reta numérica.

a) $\dfrac{1}{2}$, $\dfrac{1}{5}$ e $\dfrac{1}{10}$

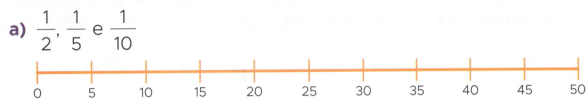

b) $\dfrac{1}{2}$ e $\dfrac{1}{4}$

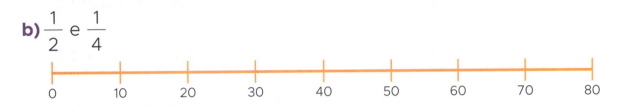

c) $\dfrac{1}{2}$ e $\dfrac{1}{3}$

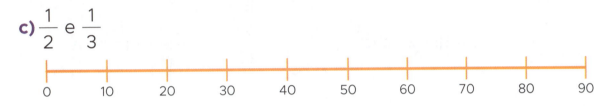

4. Observe uma placa de peças de um jogo de montar, dividida em várias partes, e complete as frações.

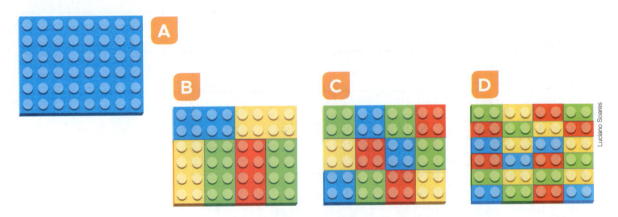

- A figura **A** representa o inteiro (a placa inteira).

- A figura **B** representa a placa dividida em _____ partes. Cada parte representa _____ da placa.

- A figura **C** representa a mesma placa dividida em _____ partes. Cada parte representa _____ da placa.

- A figura **D** representa a placa dividida em _____ partes. Cada parte representa _____ da placa.

Quando em uma fração o denominador é maior do que 10, usamos a palavra **avos** para ler e escrever a fração por extenso. Veja estes exemplos:

$\dfrac{1}{11}$ → um onze avos

$\dfrac{3}{12}$ → três doze avos

$\dfrac{5}{13}$ → cinco treze avos

$\dfrac{6}{14}$ → seis catorze avos

$\dfrac{7}{15}$ → sete quinze avos

$\dfrac{8}{16}$ → oito dezesseis avos

$\dfrac{9}{17}$ → nove dezessete avos

$\dfrac{10}{18}$ → dez dezoito avos

$\dfrac{11}{19}$ → onze dezenove avos

$\dfrac{7}{20}$ → sete vinte avos

5. Escreva como se lê cada fração representada nas imagens **A**, **B** e **C** da atividade 4.

- A → _____

- B → _____

- C → _____

6. Continue escrevendo como se lê.

a) $\dfrac{1}{7}$ → _____

b) $\dfrac{1}{8}$ → _____

c) $\dfrac{1}{14}$ → _____

d) $\dfrac{1}{25}$ → _____

e) $\dfrac{1}{37}$ → _____

f) $\dfrac{1}{18}$ → _____

Cálculo mental

1. Sem contar de 1 em 1, calcule e escreva quantos quadrados foram pintados de:

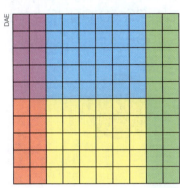

a) amarelo _____;

b) verde _____;

c) azul _____;

d) vermelho _____;

e) lilás _____.

2. Complete com os números que faltam para que as igualdades sejam verdadeiras.

a) _____ × _____ = 125 × 2

b) 3 × 6 000 = _____ × 2

c) 1200 + _____ = 1400 − 100

d) 5 × 100 = _____ + _____ + _____

e) 8 000 − 1000 = _____ × _____

f) 50 + 50 + 50 = _____ + _____ + _____

g) 10 × 10 + 8 = _____ + _____ + _____

h) 5 × 500 = _____ + _____

3. Faça os cálculos mentalmente. Siga a estratégia usada no exemplo.
15 + 98 = (10 + 5) + (90 + 8) = (10 + 90) + (5 + 8) = 100 + 13 = 113

a) 72 + 36 = (____ + ____) + (____ + ____) =
= (____ + ____) + (____ + ____) = ____ + ____ = ____

b) 29 + 46 = (____ + ____) + (____ + ____) =
= (____ + ____) + (____ + ____) = ____ + ____ = ____

185

Sistema monetário: troco

1. Leia e complete a situação a seguir.

O pai de Jéssica comprou a gravata que estava à venda na loja e pagou com uma nota de R$ 10,00. Ele recebeu de troco as moedas a seguir:

UMA DAS FORMAS DE DAR O TROCO É COMEÇAR A CONTAR DE R$ 8,50 ATÉ CHEGAR A R$ 10,00: R$ 8,50... R$ 9,00 ... R$ 10,00.

• Somando as duas moedas, descobrimos que o pai de Jéssica recebeu R$ _____ de troco.

2. Agora ajude a dar o troco.

Produto comprado	Valor entregue	Troco
bola 36,00	100	
carrinho 26,00	20 + 20	
tênis 89,00	50 + 50	
boneca 22,00	20 + 10	

186

3. Considere o quadro da atividade anterior. Rebeca quer comprar um par de tênis, uma bola e uma boneca para sua filha. Ela pagará com:

Ela receberá troco? Quanto?

_____

_____

4. Aline comprou um par de meias por R$ 5,80 e pagou usando três notas de R$ 2,00. Qual foi o troco que Aline recebeu?

_____

5. Marina comprou uma revista que custou R$ 3,70. Ela pagou com duas notas de R$ 2,00. Escreva pelo menos três maneiras diferentes que o dono da banca pode ter usado para dar a ela o troco.

_____

_____

_____

6. Marque com um **X** as situações em que o troco foi dado de maneira correta.

☐ Melissa gastou R$ 13,00, pagou com R$ 50,00 e recebeu de troco R$ 37,00.

☐ Mateus gastou R$ 6,50, pagou com R$ 10,00 e recebeu R$ 4,00 de troco.

☐ Viviane gastou R$ 7,50, pagou com R$ 8,00 e recebeu R$ 1,00 de troco.

187

Probabilidade e estatística

Gráfico em barras duplas

1. Observe o gráfico de barras duplas abaixo.

Escolhendo o que vamos jogar

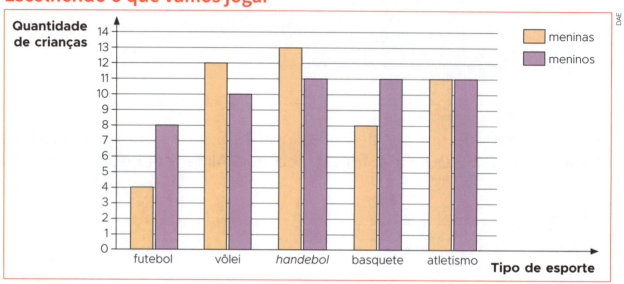

Fonte: Dados elaborados para esta atividade.

a) Marque as alternativas corretas de acordo com as informações que podemos ler no gráfico.

☐ Para cada esporte, há pelo menos uma menina e um menino que gostam de praticá-lo.

☐ Nenhum menino gosta de vôlei.

☐ O número de meninas e meninos que gostam de atletismo é o mesmo.

☐ Há mais meninas que preferem basquete do que meninos.

☐ 51 meninos participaram dessa pesquisa

b) Escolha uma alternativa que não está correta e reescreva-a corretamente.

_____

_____

188

2. Veja a tabela abaixo, feita após uma pesquisa a respeito do sabor de suco preferido de um grupo de 84 meninas e 90 meninos.

Suco preferido

Sabor de suco	Meninas	Meninos
uva	32	28
morango	20	35
pêssego	25	22
limão	7	5

Fonte: Dados obtidos com base em pesquisa feita com grupo de crianças.

Agora, usando a ideia do gráfico anterior, faça um gráfico de barras duplas para mostrar as preferências de sucos de meninos e meninas.

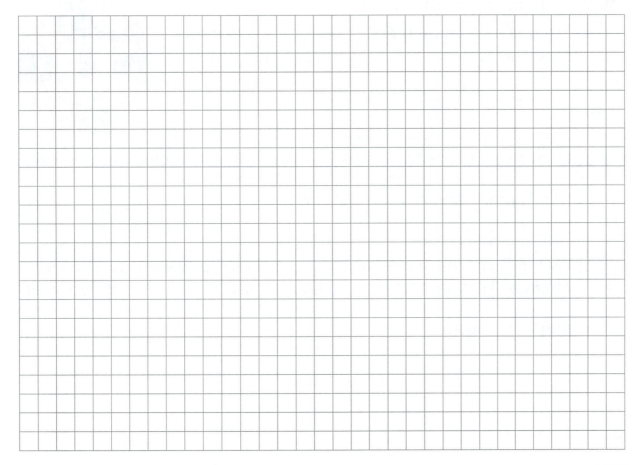

189

⬙ Análise de eventos

1. Marque com um **X** as alternativas que apresentam um evento possível de acontecer. Justifique suas escolhas.

☐ Vai chover no próximo domingo.

☐ Solte uma bola na água e ela não afundará.

☐ As cadeiras conversarão com você esta tarde.

☐ O Sol sairá hoje à noite.

☐ Quatro alunos faltarão amanhã.

☐ Você faz aniversário neste ano.

_____

_____

2. Veja ao lado a roleta de um jogo:

a) Em quais cores há menor chance de o ponteiro parar? Como você pensou para responder?

_____

_____

b) Qual é ou quais são as cores em que há maior chance de o ponteiro parar? Como você pensou? _____

_____

c) Invente uma pergunta usando a palavra **possível** ou a palavra **chance**. Troque com um colega para que um responda à pergunta do outro. _____

_____

_____

Faces e figuras geométricas espaciais

1. As figuras planas que compõem cada figura geométrica espacial são chamadas de faces. Observe as imagens e complete o quadro com as figuras e o número de faces que compõem cada uma das figuras espaciais representadas.

Nome da figura	Representação da figura	Figuras planas que podem compô-la	Número de faces
pirâmide de base quadrada			
prisma de base triangular			
tetraedro			
paralelepípedo			
pirâmide de base pentagonal			
cubo			

Ilustrações: DAE

2. Compare o tetraedro e o cubo. Escreva, em seu caderno, uma característica que eles têm em comum e uma diferença entre eles.

191

Coleção de problemas

1. Resolva o triângulo mágico encaixando os números de 1 a 6 de maneira que a soma em cada lado seja sempre 10.

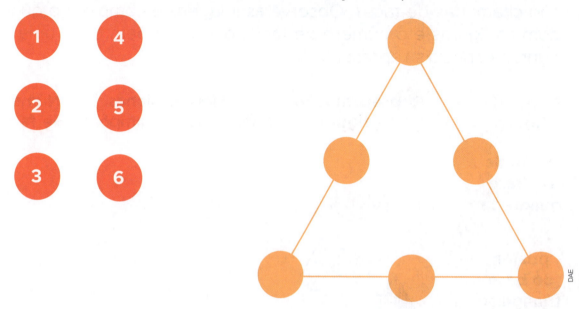

2. Uma loja de eletroeletrônicos fez uma grande liquidação. Em uma semana, vendeu 56 celulares, cada um por R$ 870,00; 36 televisões, cada uma por R$ 1000,00; e 12 geladeiras por R$ 650,00 cada. Calcule quanto dinheiro a loja ganhou com essas vendas.

_____

3. No sítio de Alberto foram organizados 276 ovos para venda.
 a) Quantas dúzias de ovos foram organizadas?

_____

b) Se em cada caixa cabe uma dúzia, quantas caixas ficaram completas com os ovos?

_____

4. Para um evento, foram vendidos 1246 ingressos em 14 dias. Se em cada dia foi vendido o mesmo número de ingressos, quantos foram vendidos por dia?

_____

5. Rafael quer comprar um jogo e para isso está economizando. No primeiro mês, ele guardou 50 reais; no segundo mês, conseguiu guardar o dobro da quantia do primeiro mês; no terceiro mês, Rafael economizou o triplo do primeiro mês; e no quarto mês, ele economizou o quádruplo do primeiro mês. Quantos reais Rafael já tem?

_____

6. Clara cortou uma melancia em 12 fatias iguais para comer com suas 2 amigas. Veja como Clara fez essa divisão:

Sabendo que todas as amigas, juntas, comeram 6 fatias, faça o que se pede.

a) Pinte as fatias que Clara e as amigas dela comeram e responda: Quantas fatias sobraram?

_____

b) A que fração corresponde cada fatia da melancia? _____

c) Como representamos com fração o total de fatias que foram comidas? _____

7. Crie um problema para ser resolvido dividindo-se um número de 4 algarismos por um número de 2 algarismos, com resto igual a zero.

_____

_____

_____

_____

_____

_____

_____

8. Crie um problema que possa ser resolvido multiplicando-se um número de 3 algarismos por um número de 2 algarismos.

_____

_____

_____

_____

_____

_____

_____

9. Complete:

a) Tenho 3 centenas, 2 dezenas e 6 unidades. Sou o número _____.

b) Tenho 15 centenas e 8 unidades. Sou o número _____.

c) Tenho 36 centenas e 5 unidades. Sou o número _____.

194

10. Na escola de Mateus há 132 livros em cada prateleira da biblioteca. Se a biblioteca tem 7 prateleiras, quantos livros há no total?

_____

11. Na escola de Rita há, no total, 1904 livros organizados em 14 prateleiras, todas com a mesma quantidade de livros. Quantos livros há em cada prateleira?

_____

12. Foram colocadas 3070 garrafas em caixas com capacidade para 6 garrafas. Quantas caixas aproximadamente tiveram de ser usadas?

_____

13. Complete o quadro mágico usando os algarismos 1 a 9, sem repeti-los e de maneira que a soma de cada linha horizontal, vertical e diagonal seja 15.

195

1. Utilizando os algarismos 7, 5, 1 e 3, sem repeti-los, escreva:

   a) todos os números de 4 algarismos que tenham o número 7 na posição dos milhares;

   _____

   b) todos os números de 4 algarismos que tenham o 7 na posição das centenas.

   _____

2. Calcule as multiplicações no caderno, utilizando duas estratégias diferentes, e registre o resultado abaixo:

   a) 156 × 24 = _____

   c) 875 × 8 = _____

   b) 3 761 × 15 = _____

   d) 2 304 × 7 = _____

3. Calcule:

Número	Dobro	Triplo	Quádruplo
70			
100			
2 000			
6 000			
8 000			

4. Estime os quocientes e depois faça os cálculos para conferir.

   a) 36 ÷ 4 = _____

   c) 28 ÷ 4 = _____

   b) 3 600 ÷ 4 = _____

   d) 2 800 ÷ 4 = _____

196

5. Observe atentamente as peças desse jogo de montar e resolva o que se pede utilizando frações.

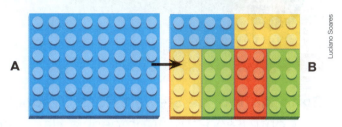

Na imagem **B**, represente por meio de fração a quantidade de peças.

Vermelhas	Amarelas	Azuis	Verdes

6. A turma do 4º ano estava brincando de sortear bolinhas coloridas de uma caixa. O primeiro a brincar foi Miguel.

Agora marque **V** nas afirmações verdadeiras e **F** nas falsas.

☐ As peças pretas têm mais chance de ser retiradas da caixa do que as peças azuis.

☐ As peças amarelas têm mais chance de ser retiradas da caixa.

☐ As peças laranja e rosa têm a mesma chance de ser retiradas.

☐ As peças verdes têm mais chance de ser retiradas do que as peças azuis.

Periscópio

📖 Para ler

Egito Antigo, de Stewart Ross. Tradução de André Conti. São Paulo: Companhia das Letrinhas, 2005.
O livro conta uma história de romance e aventura no Antigo Egito. Mostra os costumes, vestimentas, enfeites e penteados em ricas ilustrações em meio a uma emocionante aventura.

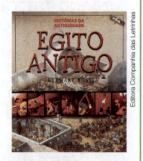

O bibliotecário que mediu a Terra, de Kathryn Lasky. São Paulo: Salamandra, 2001.
Um curioso menino grego, que viveu na Grécia Antiga, desejava muito medir a Terra. Leia esse livro para ver como a curiosidade científica pode trazer resultados surpreendentes.

Brinquedos e seus movimentos

- Você conhece os brinquedos que aparecem nesta cena?
- Como eles se movimentam?

Veja se você e os colegas têm algum desses brinquedos para trazer à escola e explorar seus movimentos.

Grandezas e medidas

Perímetro

1. Perímetro é a medida do contorno de uma figura ou de um objeto. Escolha três figuras abaixo e desenhe-as na malha pontilhada usando a régua. Depois, calcule o perímetro de cada figura e registre-o no quadro. Lembre-se de usar letras (A, B, C) para identificá-las.

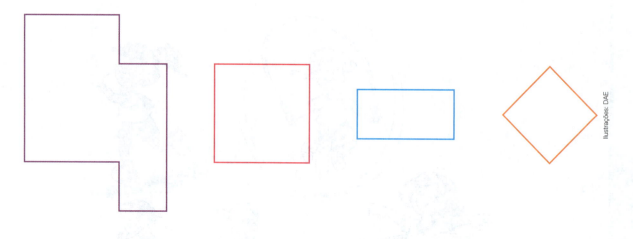

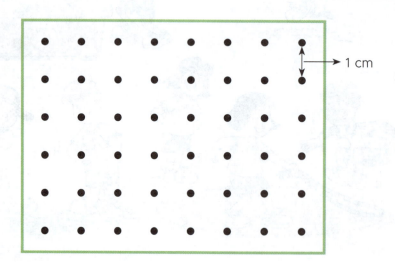

Figura A	Perímetro = _____ centímetros
Figura B	Perímetro = _____ centímetros
Figura C	Perímetro = _____ centímetros

2. Faça a estimativa do perímetro dos objetos listados a seguir. Depois faça os cálculos para ver se você se aproximou do resultado.

Objeto	Estimativa do perímetro	Perímetro real
capa do caderno	_____ centímetros	_____ centímetros
carteira dos alunos	_____ centímetros	_____ centímetros
mesa do professor	_____ centímetros	_____ centímetros

3. Que unidade de medida você usou para calcular o perímetro das figuras e objetos das atividades 1 e 2? _____

4. Observe as figuras a seguir. Qual delas você acha que tem o maior perímetro? Por quê? Usando a régua, faça as medições para conferir sua estimativa.

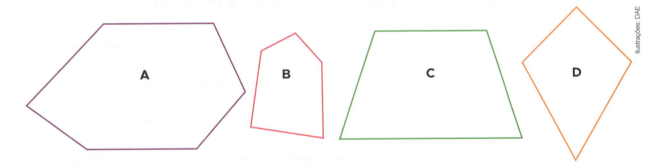

5. Complete com a medida de comprimento que falta.

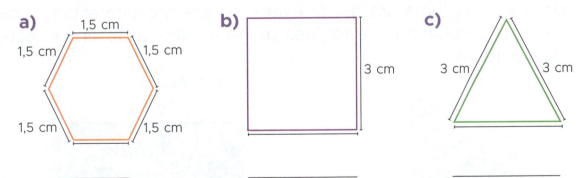

6. Qual é o perímetro de cada figura da atividade anterior?

a) _____   b) _____   c) _____

201

7. Resolva os problemas.

a) Sabendo que o perímetro de um quadrado é 16 cm, responda: Qual é a medida de cada um de seus lados?

_____

b) O perímetro de um retângulo é 12 cm. Qual pode ser a medida de seus lados?

_____

_____

8. Como você explicaria a alguém o que é o perímetro de um objeto ou figura? Converse com os colegas e o professor e, coletivamente, registrem a resposta.

_____

_____

• Em que situação precisamos calcular o perímetro?

_____

_____

_____

9. Quando calculamos o perímetro de uma quadra de futebol, de um parque ou de uma praça, por exemplo, dizemos que estamos calculando o perímetro de regiões grandes. Veja o desenho destes dois parques:

Parque das Pinhas

Parque da Alegria

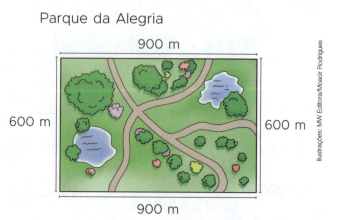

202

Jeferson adora caminhar em volta do Parque das Pinhas, já Carolina prefere andar em volta do Parque da Alegria.

a) Sabendo que cada um dá 3 voltas completas no parque, quem caminha mais? O que você fez para descobrir?

_____
_____
_____
_____

b) Quantos quilômetros serão se somarmos a distância que Jeferson e Carolina caminham em três voltas?

_____

> Para calcular o perímetro de regiões grandes usamos o **metro (m)** ou o **quilômetro (km)** como unidade de medida.

10. Edson produz flores e quer cercar seus três canteiros. Para qual canteiro ele vai precisar de mais arame? Explique como você pensou.

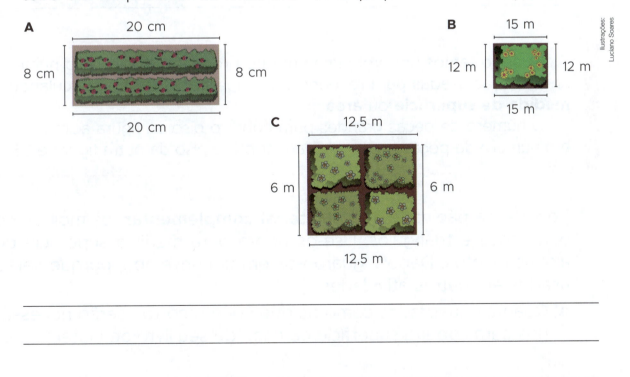

_____
_____
_____

203

Medida de superfície

1. Veja as imagens abaixo:

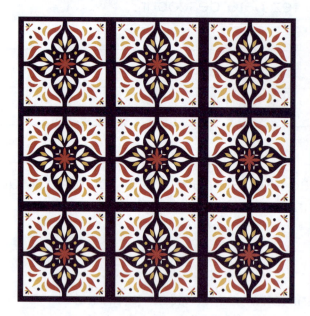 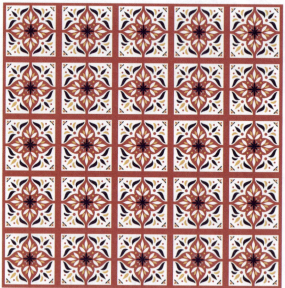

- A quantidade necessária de ladrilhos para recobrir o piso é a mesma nas duas imagens? Por quê?

_____

_____

> Quando temos um problema em que precisamos calcular o número de peças usadas para recobrir uma superfície, estamos calculando **medida de superfície** ou **área**.
>
> O número de peças grandes para cobrir o piso da figura acima é 9, e o número de peças pequenas para cobrir o piso da outra figura é 25.

2. Recorte da página 253, do **Material complementar**, os moldes de quadrados e triângulos. Use-os agora para medir a superfície de alguns objetos. Depois, guarde-os em um envelope, porque serão usados em outras atividades.

a) Quantos quadrados como os que você recortou serão necessários para cobrir a superfície da capa de seu livro de Matemática?

_____

204

b) De quantos quadrados você precisa para cobrir sua mesa?

_____

_____

c) Escolha mais dois objetos da sala de aula para medir a superfície usando os moldes. Anote a quantidade de que precisou.

- **objeto** _____

  molde usado _____

  número de moldes para cobrir a superfície _____

- **objeto** _____

  molde usado _____

  número de moldes para cobrir a superfície _____

> Neste exemplo, o ▢ e o △ são unidades de medida de superfície ou área.

3. Observe quantos quadradinhos foram utilizados para cobrir as figuras **A** e **B**. Registre cada quantidade.

A

B

_____ unidades
quadradas

_____ unidades
quadradas

Ilustrações: DAE

- Um aluno disse que conseguiu calcular contando os quadradinhos de um em um. E você, como fez para calcular?

_____

_____

_____

205

4. Observe o piso de duas cozinhas. Em qual cozinha serão usados mais ladrilhos para cobrir o piso?

a) Cozinha 1 – _____ ladrilhos cobrem o piso; portanto, a área da cozinha é de _____ ladrilhos.

b) Cozinha 2 – _____ ladrilhos cobrem o piso; portanto, a área da cozinha é de _____ ladrilhos.

5. Observe as regiões coloridas a seguir:

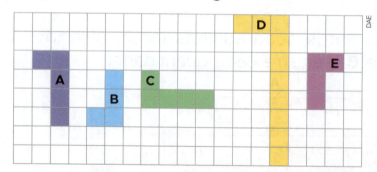

a) Escreva quantos quadrados coloridos compõem cada uma delas.

Região	A	B	C	D	E
Área (número de quadrados que compõem a região)	_____ unidades quadradas	_____ unidades quadradas	_____ unidades quadradas	_____ unidades quadradas	_____ unidades quadradas

b) Podemos dizer que os pares de regiões "_____ e **C**" e "**B** e _____" têm a mesma área e a mesma forma.

6. Quantos ▪ e ◢ são necessários para cobrir cada uma das figuras representadas na malha abaixo?

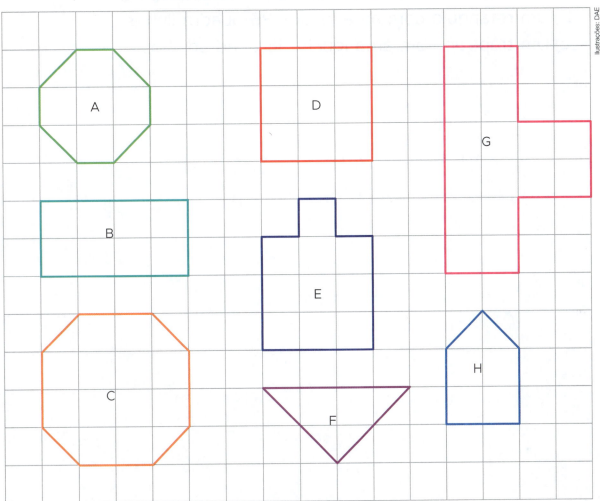

• Complete o quadro a seguir com a área de cada figura.

Figura	Área (em quadradinhos)
A	
B	
C	
D	
E	
F	
G	
H	

207

7. Desenhe na malha quadriculada as figuras indicadas a seguir. Depois, escreva ao lado de cada uma qual é seu perímetro.

a) Um quadrado com área igual a 36 quadradinhos.
b) Um retângulo com área igual a 36 quadradinhos.
c) Um trapézio com área igual a 16 quadradinhos.

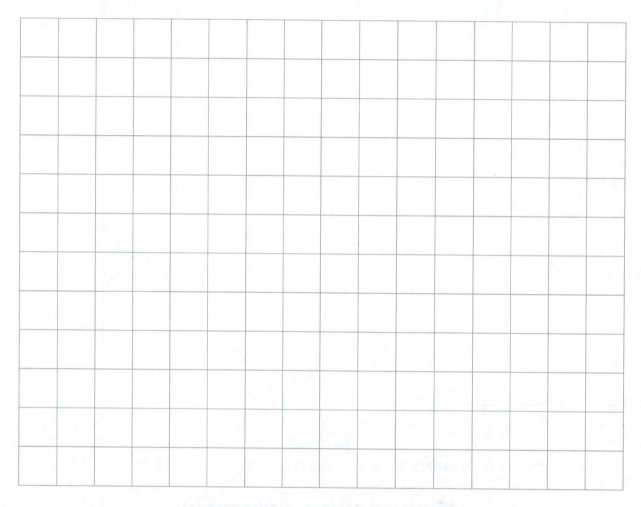

8. Imagine que você tenha de explicar a alguém por telefone o que é medida de superfície ou área. O que você diria? Por que medida de superfície não é a mesma coisa que perímetro?

_____
_____
_____
_____

Comparando temperaturas

1. Certamente você já disse ou já ouviu algumas dessas frases no lugar em que você mora ou está passando alguns dias. Para estudar o que acontece no clima, existe a ciência chamada Meteorologia.

   Observe o mapa que meteorologistas fizeram mostrando a previsão do tempo para o dia 11 de maio de 2017 em diferentes regiões do Brasil.

Brasil: previsão do tempo (11 de maio de 2017)

Fonte: *Climatempo*. Disponível em: <www.climatempo.com.br/brasil>. Acesso em: set. 2017.

a) Contorne no mapa, com lápis, a região onde você mora e veja qual era a previsão para essa região.

209

b) Que temperatura você imagina que os termômetros poderiam estar marcando nesse dia?

Temperatura também é uma grandeza e pode ser medida como as outras que você estudou.

A unidade de medida que utilizamos no Brasil recebe o nome de **grau Celsius** e é representada por este símbolo: **°C**.

Celsius é o nome do cientista que criou essa graduação de temperatura.

A temperatura é medida com um aparelho chamado **termômetro**. Observe estas fotografias para conhecer alguns tipos de termômetro.

O termômetro, assim como outros instrumentos de medição, tem números, mas com uma diferença: eles podem ser positivos e negativos.

No caso dos termômetros de mercúrio, que têm um líquido no seu interior, para saber a temperatura do que está sendo medido, basta olhar em que número esse líquido parou.

Já os termômetros digitais exibem diretamente os números obtidos.

Termômetros diversos: 1 – digital, para medir a temperatura das pessoas; 2 – a laser, para medir a temperatura dos ambientes; 3 – culinário, para medir a temperatura dos alimentos.

2. Observe a previsão do tempo das capitais brasileiras para o dia 11 de maio de 2017.

Estado	Mínima (°C)	Máxima (°C)
Porto Velho-RO	↓ 23°	↑ 32°
Boa Vista-RR	↓ 23°	↑ 32°
Rio Branco-AC	↓ 22°	↑ 32°
Belém-PA	↓ 23°	↑ 31°
Manaus-AM	↓ 24°	↑ 32°
Macapá-AP	↓ 23°	↑ 31°
Palmas-TO	↓ 23°	↑ 35°
João Pessoa-PB	↓ 23°	↑ 30°
Teresina-PI	↓ 24°	↑ 33°
Natal-RN	↓ 24°	↑ 31°
São Luís-MA	↓ 24°	↑ 30°
Recife-PE	↓ 23°	↑ 29°
Fortaleza-CE	↓ 24°	↑ 31°
Salvador-BA	↓ 23°	↑ 29°

Estado	Mínima (°C)	Máxima (°C)
Aracaju-SE	↓ 25°	↑ 30°
Maceió-AL	↓ 23°	↑ 30°
Goiânia-GO	↓ 13°	↑ 32°
Cuiabá-MT	↓ 22°	↑ 34°
Campo Grande-MS	↓ 20°	↑ 30°
Brasília-DF	↓ 13°	↑ 30°
São Paulo-SP	↓ 15°	↑ 22°
Belo Horizonte-MG	↓ 15°	↑ 27°
Vitória-ES	↓ 19°	↑ 27°
Rio de Janeiro-RJ	↓ 18°	↑ 27°
Porto Alegre-RS	↓ 13°	↑ 23°
Florianópolis-SC	↓ 16°	↑ 21°
Curitiba-PR	↓ 14°	↑ 18°

Fonte: *Climatempo*. Disponível em: <www.climatempo.com.br/brasil>. Acesso em: set. 2017.

Considerando esse dia, faça o que se pede:

a) Qual foi a menor temperatura mínima prevista? Em quais localidades?

_____

b) Qual foi a maior temperatura máxima prevista? Em qual locali-

dade? _____

c) Calcule a diferença entre a temperatura mínima de Palmas e a

de São Paulo. _____

d) Calcule a diferença entre a temperatura máxima de Aracaju e a

de Curitiba. _____

3. Ao longo de 10 dias, registre com os colegas as temperaturas mínimas e máximas da cidade onde moram.

	Temperaturas, em °C, coletadas por mim e por meus colegas durante 10 dias									
Dia										
Temperatura mínima										
Temperatura máxima										

a) Observe as temperaturas que você e os colegas registraram durante esses 10 dias e responda às perguntas a seguir.

• Qual foi a **temperatura máxima** mais alta? E a mais baixa?

_____

• Qual foi a **temperatura mínima** mais alta? E a mais baixa?

_____

b) Escolha um desses dias e pesquise como estava a temperatura nas capitais de outros três estados do Brasil. Registre abaixo os resultados.

	Temperaturas, em °C, em três capitais brasileiras no dia _____		
Cidade			
Temperatura mínima			
Temperatura máxima			

4. Pesquise em jornais e revistas ou na internet gráficos de linhas. Recorte-os ou imprima-os e troque ideias com os colegas. O que vocês perceberam nesse tipo de gráfico? O que a linha indica?

_____

_____

_____

5. Junte-se a um colega e elaborem um gráfico de linhas com as temperaturas máximas e mínimas que registraram durante os 10 dias. Sigam estas orientações.

1. Para cada dia, façam uma barra vermelha para a temperatura máxima e uma barra azul para a temperatura mínima.
2. Quando terminarem de fazer todas as barras correspondentes às temperaturas e aos dias, tracem uma linha que ligue o topo de uma barra ao topo da barra seguinte. Para ligar as barras vermelhas, faça uma linha vermelha e, para ligar as barras azuis, uma linha azul.

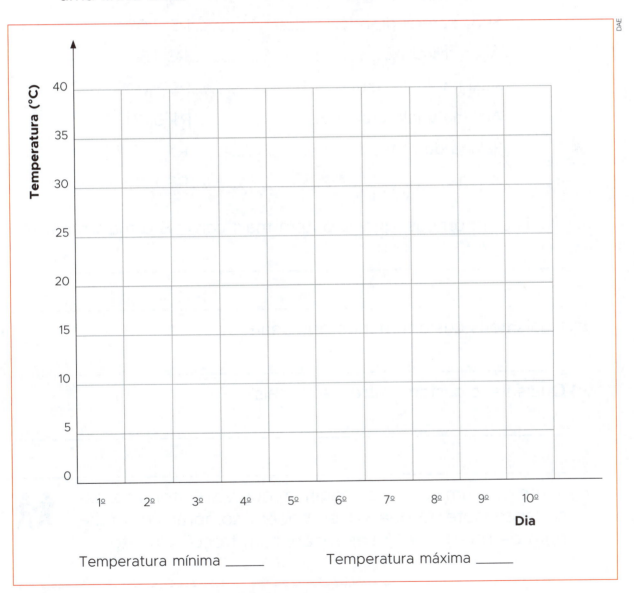

3. Criem um título para o gráfico.

Números e operações

Números decimais

1. Veja os preços em uma lanchonete:

Lanche de queijo	R$ 6,50
Lanche natural	R$ 7,50
Suco natural pequeno	R$ 2,00
Suco natural grande	R$ 3,00
Água mineral	R$ 1,50
Açaí na tigela pequena	R$ 3,00
Açaí na tigela grande	R$ 5,00
Salada de frutas	R$ 1,25
Iogurte	R$ 1,75

a) Na lista de preços, qual é o item mais caro? E o mais barato?

_____

_____

b) Quais itens custam menos de 1 real?

_____

c) Quais itens custam entre 1 e 2 reais?

_____

_____

d) Junte-se a um colega e imaginem que vocês foram a essa lanchonete. O que vocês podem comprar com uma nota de R$ 10,00? Vocês receberiam troco? Quanto?

_____

_____

_____

214

2. Observe as imagens das cédulas e moedas que utilizamos no Brasil atualmente:

As imagens não estão representadas na mesma proporção.

- Escreva no quadro uma possibilidade de usar cédulas e moedas para formar cada quantia pedida. Observe o exemplo.

Quantia	Composição de cédulas e moedas
R$ 12,00	1 × R$ 10,00 + 1 × R$ 2,00 **ou** 6 × R$ 2,00
R$ 24,50	
R$ 130,00	
R$ 55,00	
R$ 20,75	
R$ 70,25	

215

Para que serve a vírgula nos números?

Você viu que em todos os números usados para trabalhar com dinheiro foi usada uma vírgula?

A vírgula serve para separarmos a parte inteira da parte decimal, ou seja, a parte que não completou um inteiro. No caso de dinheiro, a vírgula separa os reais dos centavos. Veja:

R$ 1,10
Lemos: um real e dez centavos.

3. Um real representa um inteiro, que é igual a 100 centavos. Então, 10 centavos representam que fração de 1 real?

_____

4. Siga o exemplo e complete o quadro.

Moeda	Quantidade de moedas para formar 1 real	Representação fracionária da quantidade de moedas em relação a 1 real (100 centavos)
5 centavos	20	$\dfrac{5}{100}$
10 centavos		
25 centavos		
50 centavos		

• Se usássemos moedas de 1 centavo, quantas moedas dessas precisaríamos para formar 1 real?

_____

5. Na quantia R$ 1,25 (um real e vinte e cinco centavos), temos:

| 1 real inteiro | 2 moedas de dez centavos | 1 moeda de 5 centavos |

Escreva no quadro as quantias a seguir.

	Parte inteira (unidades de real)	Parte decimal (moedas de dez centavos)	Parte centesimal (moedas de 1 centavo)
2,50			
20,25			
130,75			

Números decimais e frações

1. Como você pode representar a parte correspondente a 0,5 do círculo ao lado?

_____

- Podemos representar um número utilizando frações. Por exemplo, 1 inteiro pode ser representado por $\frac{1}{1}$ ou $\frac{10}{10}$.

- Do mesmo modo, 0,5 (cinco décimos) podem ser representados por $\frac{5}{10}$.

2. Continue representando os números com cores nos círculos.

a) 0,4 ou $\frac{4}{10}$

c) 0,7 ou $\frac{7}{10}$

b) 0,9 ou $\frac{9}{10}$

d) 0,1 ou $\frac{1}{10}$

3. Observe o exemplo e complete os quadros.

Exemplo:

Número decimal	Fração decimal	Como lemos
0,1	$\dfrac{1}{10}$	um décimo
0,01	$\dfrac{1}{100}$	um centésimo

Número decimal	Fração decimal	Como lemos
0,3	$\dfrac{3}{10}$	
0,5	$\dfrac{5}{10}$	
0,7	$\dfrac{7}{10}$	
0,9	$\dfrac{9}{10}$	

Número decimal	Fração decimal	Como lemos
0,03	$\dfrac{3}{100}$	
0,05	$\dfrac{5}{100}$	
0,07	$\dfrac{7}{100}$	
0,09	$\dfrac{9}{100}$	

4. O número 0,25 pode ser lido: vinte e cinco centésimos **ou** 2 décimos e 5 centésimos. Observe esse número no quadro valor de lugar.

Parte inteira	Décimos	Centésimos
0,	2	5

Podemos também representar o número 0,25 assim:

$$\frac{25}{100} \text{ ou } \frac{2}{10} + \frac{5}{100}$$

Isso é o mesmo que:

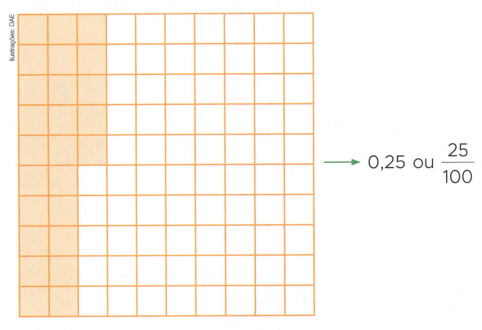

0,25 ou $\frac{25}{100}$

• Marque o número que melhor representa a parte pintada no quadro a seguir.

☐ 0,5   ☐ 0,05   ☐ 5

219

Comparação de frações

1. Represente cada fração com um desenho. Não se esqueça de colori-lo.

a) $\dfrac{2}{8}$

c) $\dfrac{9}{10}$

b) $\dfrac{3}{6}$

d) $\dfrac{1}{5}$

2. Considerando as frações da atividade anterior, responda:

a) Qual delas está mais próxima de 0? _____

b) Qual delas está mais próxima de 1? _____

c) Qual fração representa também $\dfrac{1}{2}$? _____

d) Qual fração representaria um inteiro de cada desenho?

Adição e subtração com números decimais

1. Veja o que Lorenzo comprou na lanchonete e faça uma estimativa de quanto ele gastou.

Quantidade	Alimento	Preço
1	lanche natural	R$ 7,50
1	suco natural grande	R$ 3,00
1	salada de frutas	R$ 1,25
Estimativa		Aproximadamente R$ _____

a) Registre como você pensou para fazer a estimativa.

_____

_____

Para fazer uma adição com números decimais, precisamos armar a conta e calcular sempre colocando vírgula embaixo de vírgula. Veja o exemplo:

$$
\begin{array}{r}
5,\overset{1}{7}\,2 \\
+\ 2,0\,8 \\
\hline
7,8\,0
\end{array}
$$

b) Agora, faça a conta armada para saber exatamente qual foi o gasto de Lorenzo na lanchonete.

_____

c) Você considera que fez uma boa estimativa? Por quê?

_____

221

2. Nos casos de números inteiros, para somar ou subtrair, você pode igualar o número de casas acrescentando uma vírgula e zeros. Veja o exemplo:

$$
\begin{array}{r}
8,00 \\
+\ 1,05 \\
\hline
9,05
\end{array}
$$

Calcule e registre os resultados.

a) 3,25 + 8, 09 = _____

d) 11,14 + 45,05 = _____

b) 9,35 + 0,5 = _____

e) 13 + 2,8 = _____

c) 59,25 − 18 = _____

f) 14,08 − 10,5 = _____

3. Outro cliente foi à mesma lanchonete em que estava Lorenzo e comprou um lanche natural, um suco grande e um açaí na tigela grande. O gasto dele foi de R$ 14,50. Ele pagou com uma nota de R$ 20,00. Quanto recebeu de troco?

Operações inversas

1. Em dupla, resolvam os problemas abaixo usando a calculadora. Registrem cada operação feita.

   a) Maria comprou uma blusa e uma calça. No total ela gastou R$ 98,00. Se pagou R$ 25,00 pela blusa, quanto custou a calça?
      • Descreva a operação que você fez na calculadora.

      _____
      _____
      _____

   b) Enrico distribuiu 36 figurinhas entre seus amigos. Cada amigo recebeu 9 figurinhas. Quantos amigos de Enrico ganharam figurinhas?
      • Descreva a operação que você fez na calculadora.

      _____
      _____
      _____

2. Usando a calculadora, complete as lacunas, de modo que as igualdades sejam verdadeiras.

   a) 158 + _____ = 216   c) 56 × _____ = 504
      2 547 + _____ = 2 682   253 × _____ = 2 024
      3 689 + _____ = 3 774   78 × _____ = 1 092
      687 + _____ = 3 250   542 × _____ = 78 590

   b) _____ − 25 = 64   d) _____ ÷ 9 = 45
      _____ − 145 = 654   _____ ÷ 8 = 4 448
      _____ − 841 = 2 345   _____ ÷ 5 = 6 350
      _____ − 72 = 381   _____ ÷ 8 = 3 488

Estimativa

1. Observe como um aluno estimou o resultado da conta a seguir.

4,6 + 13,9

"COMO EU SEI QUE 13,9 É QUASE 14, EU PENSO NA ADIÇÃO 4,6 + 14 E SOMO PRIMEIRO OS NÚMEROS INTEIROS: 4 + 14 = 18. ASSIM EU SEI QUE 4,6 + 13,9 É APROXIMADAMENTE 18,6."

Faça uma estimativa para as contas abaixo.

a) 125,40 + 950,50 = _____

b) 1204 + 25,35 = _____

c) 405,30 + 149,9 = _____

d) 230 + 14,9 = _____

Cálculo mental

1. Calcule mentalmente e preencha as lacunas, de modo que as igualdades sejam verdadeiras.

a) _____ × 5 = 35

b) _____ × 9 = 36

c) 7 × _____ = 49

d) 3 × _____ = 33

e) _____ × 6 = 42

f) _____ × 8 = 64

g) 4 × _____ = 16

h) _____ × 9 = 72

2. Resolva as contas utilizando estratégias de cálculo mental.

a) 2500 − 149 = _____

b) 1680 − 45 = _____

3. Faça a composição dos números.

a) 3 × 500 + 2 × 900 = _____

b) 1500 + 10 × 10 + 1500 = _____

c) 230 + 5 × 5 + 100 = _____

d) 700 + 100 + 350 = _____

4. (Obmep) Observe a figura. Qual é a soma dos números que estão escritos dentro do triângulo e também dentro do círculo, mas fora do quadrado?

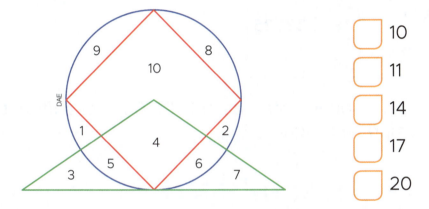

☐ 10
☐ 11
☐ 14
☐ 17
☐ 20

5. Descubra quais números faltam para que as contas fiquem completas e corretas.

a)
```
    3  __  __
 - __  __  __
 ─────────────
    2   5   1
```

b)
```
   __   7  __
 - __  __  __
 ─────────────
    4   6   1
```

c)
```
   __  __  __   7
 + __  __   0  __
 ─────────────────
    7   9   1   4
```

d)
```
    5  __  __  __
 + __  __   9  __
 ─────────────────
  1  0   5   2   6
```

225

Coleção de problemas

1. Carlos vai dar uma festa de aniversário e foi ao supermercado comprar o que precisava.

   a) Veja o recibo da compra e calcule quanto ele gastou.

Produto	Preço
Pratos descartáveis	R$ 24,75
Garrafas de suco	R$ 83,00
Enfeites para decoração	R$ 123,25
Total	R$ _____

   b) No caixa, Carlos deu duas notas de R$ 100,00. Foi suficiente para pagar a compra? Explique.

   _____

2. Crie um problema de subtração que tenha os dados: 5,25 metros e 10 metros.

   _____
   _____
   _____

3. Crie um problema que tenha como resolução o cálculo:

   420 ÷ 14 = 30

   _____
   _____
   _____

4. Em uma escola foram matriculados 120 alunos para aulas de dança. Cada turma deve ter 15 alunos. Quantas turmas foram formadas?

5. Para uma gincana, as 18 turmas de uma escola começaram a arrecadar prendas e decidiram parar quando cada sala atingisse um número estipulado pela comissão organizadora. No dia da contagem das prendas, havia 360 prendas arrecadadas. Quantas prendas cada sala arrecadou?

6. Se uma pessoa ganha R$ 52,00 por hora de trabalho, quantas horas ela deverá trabalhar para ganhar R$ 936,00?

7. Quantos grupos de 18 alunos podem ser formados por 180 alunos?

8. O cachorro de João precisa tomar um vidro inteiro de remédio neste mês. Ele já tomou $\dfrac{3}{4}$ do vidro. Quanto ainda falta? Faça uma ilustração que represente como você pensou.

227

Geometria: ângulos

1. Observe a imagem:

a) Na posição em que a imagem está representada, Raul está olhando para qual casa? _____

b) Qual é o menor giro que ele deve fazer para olhar para a casa amarela? Represente esse giro com um desenho.

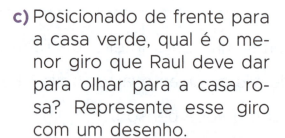

c) Posicionado de frente para a casa verde, qual é o menor giro que Raul deve dar para olhar para a casa rosa? Represente esse giro com um desenho.

d) Ele girou mais para olhar para a casa amarela ou para a casa rosa? Explique como você pensou.

_____

228

e) Olhando para a casa verde, qual é o menor giro que Raul deve dar para conseguir olhar para a casa azul? Represente esse giro com um desenho.

f) Olhando para a casa azul, que giro Raul deve dar para olhar novamente para a casa verde? Qual figura aparecerá no desenho que representa o giro que ele dará?

2. Observe esta obra do artista Robert Dellaunay, que explora diferentes representações do círculo:

Robert Dellaunay. *Ritmos, alegria de viver*, 1931. Óleo sobre tela, 203,6 cm × 180,2 cm.

• Todos os círculos estão igualmente representados?

3. Vamos explorar algumas dobras com o círculo e aproveitar para estudar as partes dele? Recorte um dos círculos da página 255, do **Material complementar**, e faça o que se pede.

a) Dobre o círculo ao meio de modo que uma parte se sobreponha à outra. Marque essa linha de dobra. A linha que divide o círculo em duas partes iguais e sobrepostas se chama **diâmetro**. Cada parte é metade do círculo.

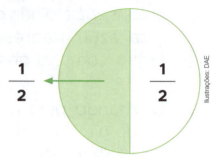

- O diâmetro é um **eixo de simetria de reflexão** do círculo. Indique o diâmetro no seu círculo.

b) Novamente dobre seu meio círculo de modo que uma parte se sobreponha à outra. Escreva ao lado a fração que representa cada parte que você obteve.

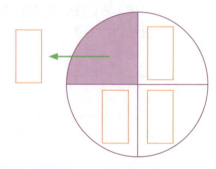

4. Faça o que se pede.

a) Agora volte para os desenhos que você fez para cada giro dado por Raul. Veja se consegue identificar qual é o giro de $\frac{1}{4}$ de volta e qual é o de $\frac{1}{2}$ volta. Escreva ao lado de cada um a fração que corresponde ao giro.

b) Use o mesmo procedimento descrito acima na obra de Robert Dellaunay.

As dobras que você fez no círculo e os giros explorados na atividade em que Raul observa as casas nos dão a ideia de **ângulo**.

A dobradura feita por você, que chegou a um quarto de círculo, corresponde a figura ao lado, ou seja, a **um ângulo reto**. Veja:

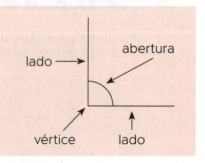

5. Recorte o outro círculo da página 255, do **Material complementar**, e faça, usando dobradura, uma figura que seja um quarto do círculo. Em seguida, procure pela sala de aula objetos com **ângulos retos**, **ângulos maiores que os retos** e **ângulos menores que os retos** e estime a medida deles. Para terminar, use sua construção para aferir as medidas e descubra se sua estimativa foi boa. Faça seus registros no quadro abaixo.

Objeto	Tem ângulo reto	Tem ângulo maior que o reto	Tem ângulo menor que o reto	Estimativa	Medida real do ângulo

6. Observe as imagens a seguir e escreva uma história para relatar o que está representado em cada etapa.

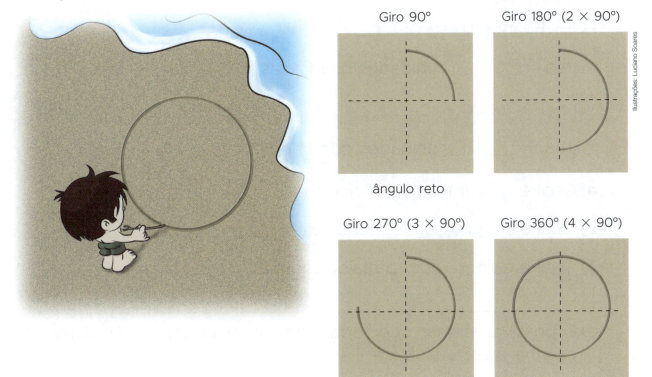

Retomada

1. Calcule a área e o perímetro das figuras.

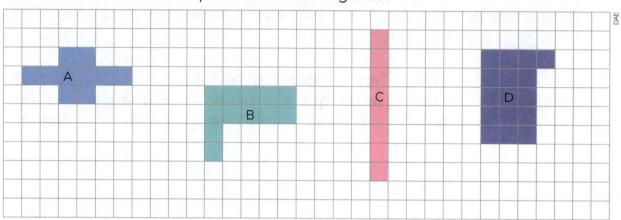

- A — Perímetro = _____

  Área = _____ unidades quadradas.

- B — Perímetro = _____

  Área = _____ unidades quadradas.

- C — Perímetro = _____

  Área = _____ unidades quadradas.

- D — Perímetro = _____

  Área = _____ unidades quadradas.

a) Qual é a figura com a maior área? _____

b) Qual é a figura com a menor área? _____

c) Qual é a figura com o maior perímetro? _____

d) É possível afirmar que toda figura com perímetro igual tem a mesma área? Justifique.

_____

2. Faça os cálculos usando o algoritmo convencional. Depois utilize a operação inversa para conferir se os cálculos estão corretos.

a) $5\,623 - 198 =$ _____

b) $2\,387 - 668 =$ _____

3. Veja as temperaturas máximas e mínimas de Salvador, na Bahia, em uma semana do mês de maio de 2017.

PREVISÃO DO TEMPO PARA OS PRÓXIMOS DIAS						
SEG 15/5	TER 16/5	QUA 17/5	QUI 18/5	SEX 19/5	SÁB 20/5	DOM 21/5
↑ 30° ↓ 24°	↑ 30° ↓ 24°	↑ 29° ↓ 23°	↑ 28° ↓ 22°	↑ 28° ↓ 24°	↑ 28° ↓ 23°	↑ 28° ↓ 24°

Disponível em: <www.climatempo.com.br/previsao-do-tempo/cidade/56/salvador-ba>. Acesso em: jun. 2017.

a) Em qual dia ocorreu a maior temperatura? _____

b) Em qual dia ocorreu a menor temperatura? _____

c) Qual é a diferença entre a maior e a menor temperatura nessa semana? _____

4. Complete o quadro:

Número decimal	Fração	Como lemos
0,8		
	$\dfrac{6}{100}$	
0,75		

233

Periscópio

📖 Para ler

Espaguete e almôndegas para todos! – **Uma história matemática**, de Marilyn Burns e Debbie Tilley. São Paulo: Brinque-Book, 2007.

Um casal decide fazer um almoço especial e convida familiares e vizinhos. Com toda essa gente, a confusão foi grande, mas não se perdeu o bom humor – nem a noção de usar a matemática para solucionar as situações engraçadas nesse encontro divertido.

A galinha ruiva, de Roberto Martins. São Paulo: Paulus, 1999.

Plantar, colher, amassar e assar o pão... Nada disso os amigos da galinha ruiva quiseram fazer para ajudar. Só que, quando ela acabou de fazer tudo sozinha, eles chegaram e quiseram comer pão quentinho. O que vai acontecer?

Referências

ABRANTES, P. et al. A *Matemática na Educação Básica*. Lisboa: Ministério de Educação/Departamento de Educação Básica, 1999.

BARBOSA, Ana Mae. Arte-educação no Brasil: realidade hoje e expectativas futuras. Tradução Sofia Fan. *Estudos Avançados*. Banco de Textos do Projeto Arte na Escola nº 6, p. 178. São Paulo: Edusp, 1993.

BRASIL. Ministério da Educação. Secretaria de Educação Média e Tecnológica. *Parâmetros Curriculares Nacionais*: Ciências da Natureza e suas Tecnologias. Brasília, 2002.

CROWLEY, M. L. O modelo Van Hiele de desenvolvimento do pensamento geométrico. In: LINDQUIST, M. M.; SHULTE, A. P. (Org.). *Aprendendo e ensinando Geometria*. São Paulo: Atual Editora, 1994.

GÓMEZ, A. I. P; SACRISTÁN, J. G. *Compreender e transformar o ensino*. Porto Alegre: Artmed, 1998.

HERNÁNDEZ, F. *Cultura visual, mudança educativa e projeto de trabalho*. Porto Alegre: Artmed, 2000.

HOFFER, A. Geometria é mais que prova. Trad. Antonio Carlos Brolezzi. *Mathematics Teacher*, NCTM, v. 74, p.11-18, jan. 1981.

LARROSA, Jorge. *Linguagem e educação depois de Babel*. Belo Horizonte: Autêntica, 2004.

LÉGER, F. *Funções da pintura*. São Paulo: Nobel, 1989.

MACHADO, N. J. *Epistemologia e didática*: as concepções de conhecimento e inteligência e a prática docente. São Paulo: Cortez Editora, 1995.

_____. *Matemática e língua materna*: uma impregnação essencial. São Paulo: Cortez Editora, 1990.

MARTINS, M. C.; PICOSQUE, G. *Mediação cultural para professores andarilhos na cultura*. São Paulo: Editora Intermeios, 2012.

_____.; _____; GUERRA, M. T. T. *Teoria e prática do ensino de Arte*: a língua do mundo. São Paulo: FTD, 2010.

MERLEAU-PONTY, M. *A prosa do mundo*. São Paulo: Cosac Naify, 2012.

PENA-VEGA, A.; ALMEIDA, C. R. S.; PETRAGLIA, I. (Org.). *Edgar Morin*: ética, cultura e educação. São Paulo: Cortez Editora, 2001.

SMOLE, K. C. S. *A Matemática na Educação Infantil*: a teoria das inteligências múltiplas na prática escolar. Porto Alegre: Artmed, 2000.

_____; DINIZ, M. I. (Org.). *Ler, escrever e resolver problemas*: habilidades básicas para aprender Matemática. Porto Alegre: Artmed, 2001.

_____; _____; CÂNDIDO, P. *Brincadeiras infantis nas aulas de Matemática*. Porto Alegre: Artmed, 2000.

_____; _____; _____. *Figuras e formas*. Porto Alegre: Artmed, 2003.

_____; _____; _____. *Resolução de problemas*. Porto Alegre: Artmed, 1999.

_____; _____; _____. *Cadernos do Mathema*: jogos de Matemática do 1º ao 5º ano. Porto Alegre: Artmed, 2003.

_____; CÂNDIDO, P. T. Conexões no ensino-aprendizagem de Matemática. In: ENCONTRO NACIONAL DE EDUCAÇÃO MATEMÁTICA, X, 7-9 jul. 2002. Parte integrante do texto apresentado como justificativa para o minicurso de Geometria, Literatura e Arte.

VAN DE WALLE, J. A. *Matemática no Ensino Fundamental*: formação de professores e aplicação em sala de aula. Porto Alegre: Artmed, 2009.

VAN HIELE, P. M. *El problema de la comprensión*: en conexión con la comprensión de los escolares en el aprendizaje de la Geometría. 1957. 151 f. Tese (Doutorado em Matemática e Ciências Naturais) – Universidade Real de Utrecht, Utrecht.

VELOSO, E. *Geometria*: temas actuais – materiais para professores. Lisboa: Instituto de Inovação Educacional, 1998.

VIGOTSKY, L. S. *Pensamento e linguagem*. 3. ed. São Paulo: Martins Fontes, 2005.

Material complementar

Quadro Minha semana, página 30

DIA DA SEMANA / PERÍODO	DOMINGO	SEGUNDA-FEIRA	TERÇA-FEIRA	QUARTA-FEIRA	QUINTA-FEIRA	SEXTA-FEIRA	SÁBADO
MANHÃ							
TARDE							
NOITE							

Ilustrações: Luciano Soares

Cartas para o jogo Calculando adição e subtração, página 101

1999	440	2399	1822	625
234	999	99	2598	403
231	128	758	139	2000
584	2918	326	4151	1002
548	145	411	400	2591
1480	3999	1901	2999	2

Planificações de pirâmides, página 107

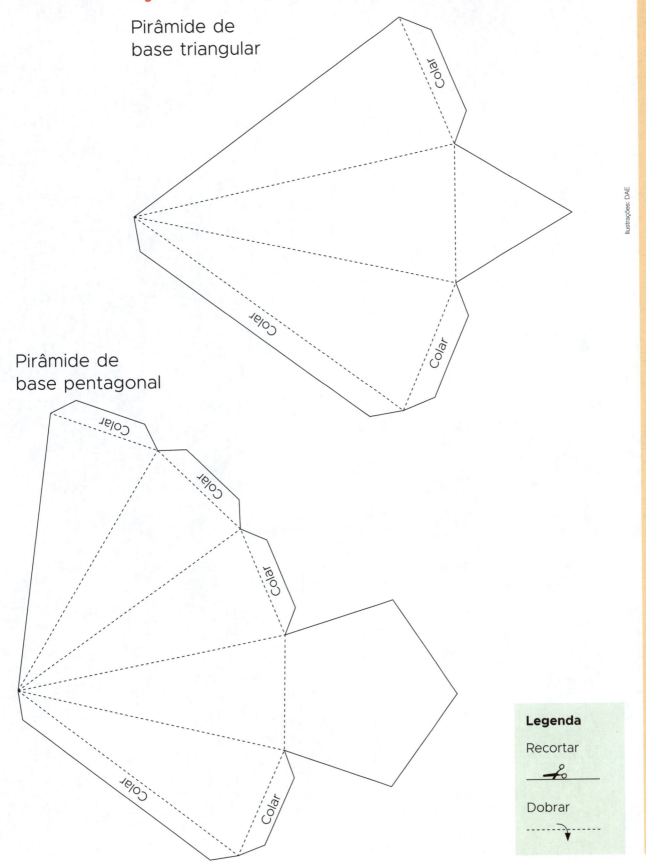

Pirâmide de base hexagonal

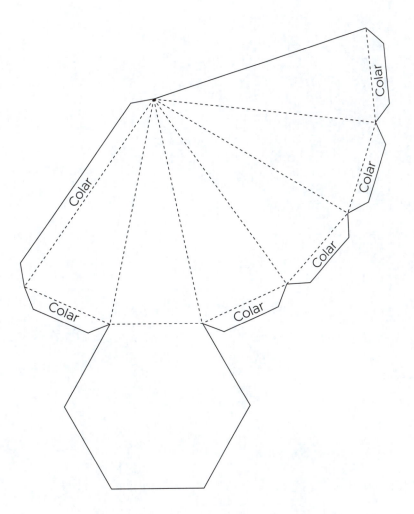

Legenda

Recortar

Dobrar

243

Cartas para o jogo Pense rápido, página 127

245

Planificações de prismas de bases triangular, pentagonal e hexagonal, página 143

Prisma de base triangular

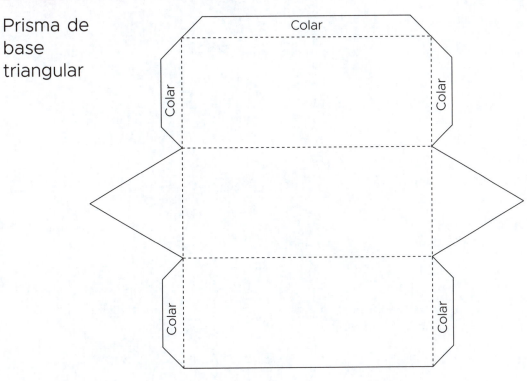

Prisma de base pentagonal

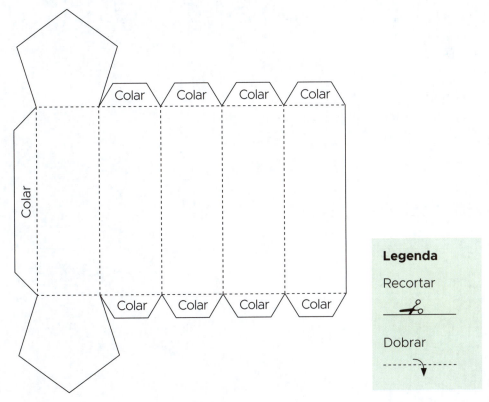

Legenda

Recortar

Dobrar

247

Prisma de base hexagonal

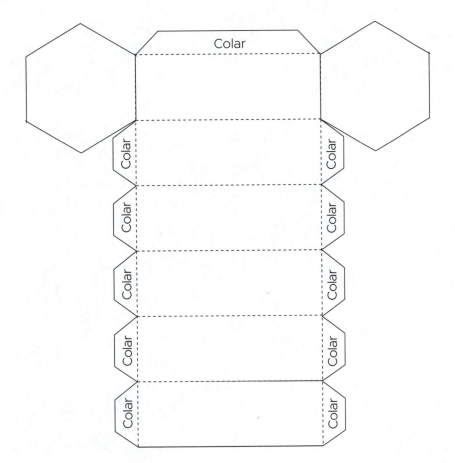

Legenda

Recortar

Dobrar

Jogo Divisão em linha com calculadora, página 151

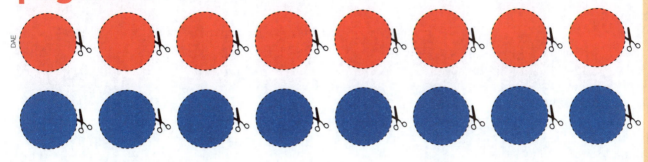

Quadro de dividendos			
575	713	544	992
270	703	377	203
1025	190	1161	731
689	583	517	329

Quadro de divisores	
13	13
47	47
31	31
23	23

Tabuleiro

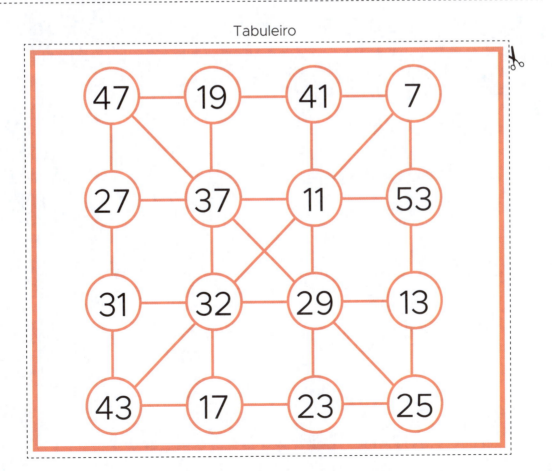

251

Moldes de quadrados e triângulos, páginas 204 e 205

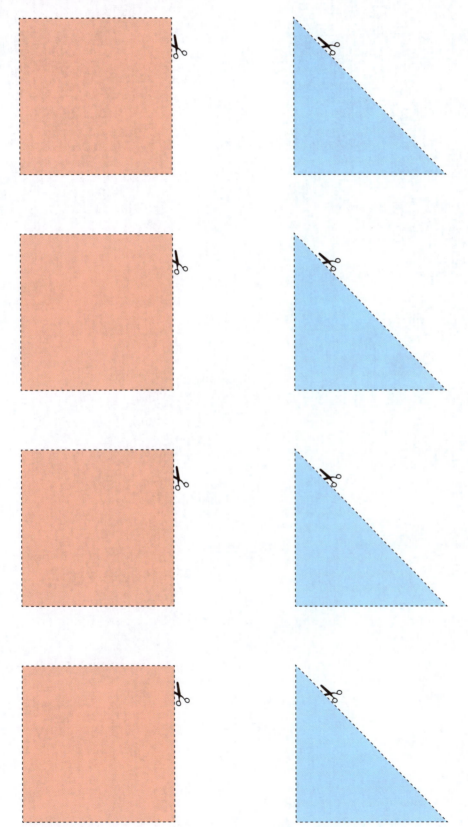

253

Moldes de círculos, páginas 230 e 231